Hilfe aus dem Himmel
Prof. Dr. Johannes Michels

Prof. Dr. Johannes Michels

Hilfe aus dem Himmel

Warnungen der Toten aus dem Jenseits

Analysen von Augenzeugenberichten Hinterbliebener vom Kontakt mit Verstorbenen

DeBehr

Herausgeber: Verlag DeBehr, Radeberg
Erstauflage: 2017
ISBN: 9783957534026

INHALT

MIT DEM TOD IST *NICHT* ALLES AUS!

Der häufig zu hörende Satz

Mit dem Tod ist alles aus

lastet wie ein drohendes Unheil über sehr vielen Menschen. Sie haben sich fatal daran gewöhnt, als unterlägen sie einer Art Fluch und gäbe es nach dem irdischen Tod kein Weiterleben. Andere klammern sich an ein gutes und schönes Leben im Diesseits, um ihr Hiersein so luxuriös und reizvoll wie nur irgend möglich zu gestalten. Dabei belächeln sie die Menschen, die ganz fest ans Jenseits und an ein Fortleben nach dem Tod glauben.

Dann gibt es auch Menschen, die zwar an ein Weiterleben nach dem Tod denken, aber nach Vorstellungen, als würden sie unmittelbar ihren Körper mitnehmen, obwohl der nach gleicher Denkweise auf Erden bestattet wurde.

Wieder andere sind davon überzeugt, zwar nicht in einer jenseitigen Welt weiterzuleben, sondern irgendwie in einer anderen Gestalt – sei es als Mensch oder Tier – fortzubestehen. Ihnen hilft der Gedanke an eine etwaige Wiedergeburt.

Was ist denn nun richtig? Welche Aussicht haben die Menschen im Anschluss an ihren Tod? Endet das irdische Leben tatsächlich mit dem Sterben?

Hierzu gibt es sehr viele Erklärungs- und Deutungsversuche. Aber meistens bleiben sie ohne einen einleuchtenden Beweis. Und genau hier sollen die Berichte von einer Vielzahl von Verstorbenen ansetzen, die in die Welt der im Diesseits Lebenden zurückgekehrt sind, – um jenen Menschen zu helfen, die dringend Hilfe brauchen oder gebraucht haben.

Diese Mitteilungen über die Rückkehr der Toten sind schlüssige Beweise dafür, dass

mit dem Tod *nicht* alles aus ist!

Zugleich wird auch erklärt, in welcher Wirklichkeit das Leben nach dem Tod weitergeht:
Der Körper eines Sterbenden/Toten lebt nicht weiter und verfällt. Dabei ist oft auch die Rede von den *sterblichen Überresten.* Geist und Seele eines Sterbenden aber leben weiter. Sie sind unsterblich.

Zugleich erübrigt sich dann auch der Gedanke an eine etwaige Wiedergeburt als anderer Mensch oder als Tier. Denn ein solches Wesen würde ja somit hier auf der Erde weiterleben und könnte geistig nicht in Probleme anderer Menschen in irdischen Notsituationen helfend einwirken.
Das kann nur jemand, der von jeglichem irdischen Körper *unabhängig* ist, Menschen hier auf der Erde geistig begleiten kann und in einer anderen Welt weiterlebt.

Wenn wir hier aber im *Diesseits* leben,
kann das nur im *Jenseits* sein!

Osnabrücker Land im Jahr 2017
Professor Dr. Johannes Michels

TROST UND HILFE AUS DEM JENSEITS

Die Diagnose des Oberarztes der onkologischen Abteilung eines bedeutenden Krankenhauses zum Krebsbefund des 57-jährigen Patienten Helmut D. war niederschmetternd. Er sprach mit seiner Ehefrau Elvira und nahm größtmögliche Rücksicht auf ihr Empfinden. Sichtlich erschüttert teilte er ihr mit:

„Nach unseren Tests liegt die Überlebensrate Ihres Mannes bei 15 %."
„Und was heißt das konkret?"
„Frau D., diese Mitteilungen bedrücken mich immer ganz furchtbar. Denn ich leide mit den Patienten und ihren Angehörigen immer unglaublich mit. Dieser Befund ist nicht gut. Wir tun mit Operation, Bestrahlung und Chemotherapie alles erdenklich Mögliche. Aber es sieht nicht gut aus. Eine Operation haben wir durchgeführt. Es schien auch zuerst alles gut zu verlaufen. Aber jetzt stehen wir vor der Entscheidung, ob wir Ihren Mann auch noch durch Bestrahlung oder gar Chemotherapie geradezu quälen sollen."
„Kann denn nicht doch noch dadurch geholfen werden? Sehen Sie, Herr Doktor, wir haben zwei Kinder. Das Mädchen ist neunzehn Jahre alt, der Junge fünfzehn. Da brauchen wir doch noch ganz besonders den Vater und ich den Mann."
„Ja, Frau D., ich werde es dem Chefarzt berichten. Danach gebe ich Ihnen Bescheid."

Frau D. war tapfer. Sie sagte weder ihrem Mann, wie schlimm es um ihn stand, noch zeigte sie den Kindern ihren Kummer. Sie kämpfte in ihrer Anwesenheit mit den Tränen und weinte nur heimlich.

Der Chefarzt verordnete nach reiflicher Überlegung zunächst fünf Bestrahlungen und dann noch einmal fünf weitere. Danach zeigte sich, dass keine von ihnen irgendeinen Erfolg gebracht hatte. Wegen der Schwere der Krankheit hatten Chef- und Oberarzt den Patienten nicht entlassen und ihn nicht ambulant behandeln lassen. Er lag also immer noch im Krankenhaus. Nun sprach der Oberarzt wieder mit Frau D.:
„Es tut mir geradezu weh, Ihnen sagen zu müssen, dass die bisherige Behandlung keinen Erfolg hatte. Auch ein Versuch mit einer Chemotherapie wird kaum Erfolg haben. Wir überlegen uns, ob wir es verantworten können, Ihren Mann dieser quälenden Belastung zu unterziehen."
Frau D. versuchte, ihre Tränen zurückzuhalten. Der Oberarzt merkte es und sagte mitfühlend, sie möge ruhig ihren Empfindungen freien Lauf lassen.

In den nächsten Tagen rang sich Frau D. dazu durch, dem Oberarzt zu sagen, man möge ihrem Mann Linderung ermöglichen, wenn man ihn schon nicht retten könne. So geschah es auch. Der Schwerkranke erhielt schmerzlindernde Infusionen, durch die er meist in einem erträglichen Halbschlaf verbrachte. Auch räumte man der Familie mit dem Schwerstkranken ein Einzelzimmer ein, in dem niemand sonst die erschütterte Familie mit ihrem todkranken Mann und Vater in irgendeiner Weise störte. Selbstverständlich hatte man den Patienten in diesem Zustand nicht entlassen.

In den Momenten des weitestgehend vollen Bewusstseins sprach Herr D. offen mit seiner Frau und den beiden Kindern. Er sagte seiner Frau ganz unumwunden, dass es mit ihm schrecklich stehe und dass er es vermute, ja mehr noch, dass er es fühle:

„Elvira, machen wir uns nichts vor. Mit mir geht es bald zu Ende. Gern hätte ich noch bei Euch gelebt. Aber es ist nun mal nicht so. Deshalb lass mich noch sagen, worauf Du nach meinem Abschied achten musst."
Elvira D. unterbrach ihn mit ihrem Schluchzen. Und je mehr sie versuchte, ihren Schmerz zu unterdrücken, umso mehr musste sie weinen.
Die 19-jährige Tochter weinte ebenso herzzerreißend mit, der 15-jährige Sohn kämpfte tapfer mit den Tränen und schaute in dumpfem Schmerz vor sich hin. Er wollte dem Vater nicht zusätzlichen Kummer bereiten. Der Vater merkte es und sagte – durch die Linderungsmittel in einem beruhigten Zustand:
„Lasst Eurem Schmerz ruhigen Lauf. Das tut der Seele gut. Seid nicht traurig. Wir müssen das Leben so nehmen, wie es ist. Ich habe Euch alle drei von ganzem Herzen lieb."
Dann versank er wieder in seinen Halbschlummer.

Seine Frau und die beiden Kinder blieben an seinem Bett und verließen es nur abwechselnd, um eine Kleinigkeit zu essen. Auch nachts blieben sie wechselweise wach. Die Frau wachte in einem ans Bett des Todkranken gerollten weiteren Bett. Die Kinder übernachteten auf Matratzen am Boden, wenn sie nicht neben dem Bett des Vaters wachten und ihm die Hände hielten.

Am letzten Abend erwachte der Kranke noch einmal aus seinem Halbschlummer, sah seine bleiche Frau und die verhärmten Kinder lange an und sagte dann zu ihnen:

„Seid nicht ängstlich. Ihr lebt ja weiter und seid versorgt. Das habe ich geregelt. Ich gehe ja nur in eine andere Welt. Von dort werde ich zu Euch Kontakt halten.“

Dann fiel er wieder in seinen Halbschlummer. Er wachte daraus nicht mehr auf. Gegen Morgen merkte seine Frau, dass seine ursprüngliche Kurzatmigkeit nun gegen Morgen langgezogenen Atemzügen gewichen war. Er atmete immer länger, und jedes Mal hatte Elvira den Eindruck, dass der jeweils neue Atemzug ihrem Mann immer schwerer fiel. Sie weckte deshalb die beiden Kinder, die auch sofort auf die andere Seite des Krankenbettes gingen und die rechte Hand ihres sterbenden Vaters hielten.
Nach etwa zehn Minuten atmete der Todkranke ganz langgezogen ein. Und dann hörte seine Familie nichts mehr. Elvira und die Kinder horchten angestrengt, wann er denn wieder ausatmen würde.

Aber solange sie auch angespannt hinhorchten – sie hörten nichts mehr.

Still und in sich gekehrt weinten sie in sich hinein. Sie unterdrückten ihr Schluchzen, um den Sterbenden nicht noch mehr zu belasten. Und dann kam auch die Nachtwache, ein Krankenpfleger, um wieder nach der Infusion zu sehen. Aber er merkte auch sofort, dass der Schwerstkranke offenbar gestorben war. Er fragte, wann der Patient wohl aufgehört habe zu atmen. Mit vor Tränen fast erstickter Stimme nannte Elvira die vermutliche Zeit. Darauf verständigte der Krankenpfleger die ebenso wachhabende Ärztin, die den Patienten auf seinen Lebens- oder Todesstatus hin eingehend untersuchte. Sie stellte seinen Exitus, also seinen Tod fest und kondolierte den Angehörigen in mitfühlenden und warmherzigen Worten.

Nun ließen Elvira, seine Frau, und beide Kinder ihren Tränen freien Lauf. Dabei liebkosten sie den langsam erstarrenden Toten. Erst allmählich wurde seiner Frau und den beiden Kindern klar, dass ihr Mann und Vater gestorben und heimgegangen war. Sie wachten noch lange weiter am Totenbett, bis Elvira ihren Kindern gefühlvoll sagte, nun müssten sie nach Haus zurückkehren und für eine würdige Bestattung und die Gottesdienste sorgen.

Die folgenden Tage spürten Elvira und ihre Kinder wegen der vielen mit Gottesdiensten und Bestattung verbundenen Verpflichtungen nicht in voller Härte den Tod ihres Mannes und

Vaters. Auch die folgenden rechtlichen Regelungen ließen vor allem der Witwe kaum Zeit für Trauer und innere Einkehr. Dass ihr verstorbener Mann rührend für seine Familie gesorgt hatte, nahm Elvira D. nur wie durch einen Nebelschleier wahr. Aber dann kam bald die große Leere – vor allem für Elvira. Sie klammerte sich besonders intensiv an ihre Kinder. Doch gingen diese bei aller Trauer dann doch ihren eigenen Weg, vor allem die 19-Jährige.

Ganz besonders spürte die Witwe spätabends und in der Nacht ihr Alleinsein. Sie weinte still vor sich hin. In Anwesenheit der Kinder hielt sie sich tapfer und unterdrückte ihre Trauer, um es den Kindern nicht noch schwerer zu machen.

Regelmäßig besuchten sie das Grab des Verstorbenen. Jeder Besuch erfüllte sie von Neuem mit Schmerz und Trauer, gab ihnen aber auch Trost und Kraft für ihr weiteres Leben. Sie hatten das Gefühl, sie hätten Mann und Vater besucht, und er sei doch nicht ganz weg von ihnen.

Und das war er auch tatsächlich nicht:
Denn an einem Spätabend saß Elvira im Wohnzimmer, war von tiefer Trauer umfangen und weinte lautlos vor sich hin. Da geschah es:
Auf einmal wurde es vor ihr ganz hell. Und in dieser Helligkeit sah sie ihren Mann.

Doch lassen wir sie selbst berichten:

Ich saß im Wohnzimmer ganz allein und weinte still in mich hinein. Ganz einsam fühlte ich mich, eben allein. Ich gab mich einfach meiner Trauer hin. Was hätte ich auch sonst tun sollen?
Mit meinem großen Kummer war ich ganz allein und konnte kaum richtig aus den Augen blicken. Da – auf einmal, was war das? Es wurde vor mir ganz hell. Ich traute meinen Augen nicht. War etwas mit den Lampen nicht in Ordnung? Woher kam denn plötzlich diese Helligkeit? Ich schaute besonders aufmerksam im Wohnzimmer rund um mich herum. Aber es blieb so hell. Da geschah es: In diesem besonders hellen Licht sah ich meinen verstorbenen Mann. Ja, es war tatsächlich mein Mann, aber nicht mein Mann auf dem Sterbebett, sondern aus früheren Zeiten, als er noch gesund und voller Lebenskraft gewesen war.

Träumte ich? Aber ich hatte doch noch nicht geschlafen. Wie konnte ich denn in wachem Zustand so etwas erleben, so einen Erlebniseindruck haben?
Wie ich noch darüber nachdachte, ob ich träume oder irgendeiner Halluzination erliege, da sah mich mein Mann liebevoll an und sprach mit mir:
„Elvira, liebe Elvira, ich habe Dir doch gesagt, dass ich wiederkomme. Und nun bin ich hier."
„Helmut, bist Du es?"
„Ja, Elvira, ich bin es. Wer soll es denn sonst sein?"

„Aber ich träume doch nicht. Denn ich bin ja wach. Ich schlafe nicht. Wie kommt es denn dann, dass ich Dich vor mir sehe und auch deutlich höre?“

„Weil ich zurückgekommen bin.“

„Aber Du bist doch tot, und Dein toter Körper liegt auf unserem Friedhof. Wie kann ich Dich denn dann sehen?“

„Ich komme von drüben, also aus dem Jenseits.“

„Wir haben ja stets an ein Jenseits geglaubt. Aber kleine Zweifel hatten wir trotzdem immer. Gibt es das denn tatsächlich?“

„Ja, das Jenseits gibt es wirklich. Denn ich komme ja von dort.“

„Wie ist es denn dort?“

„Anders als wir es uns immer vorgestellt haben. Wir haben drüben keine Schmerzen und Krankheiten mehr. Auch sterben kann man im Jenseits nicht mehr.“

„Und wie geht es Dir jetzt?“

„Mir geht es sehr gut. Ich bin mit unendlich vielen anderen Geistmenschen in der überaus glücklichen Gemeinschaft mit dem allerhöchsten Wesen. Bei ihm gibt es nur die ewige geistige Liebe ohne Gemeinheiten und kleinliche Reibereien.“

„Was bedeutet das denn: geistige Liebe?“

„Das ist die liebevolle Gemeinschaft mit dem höchsten Wesen und allen anderen Geistmenschen. Es gibt keinen Zank und Streit, keine Zwietracht und Bösartigkeit, keinen Neid und keinen Hass.“

„Du warst doch hier im irdischen Leben stets voller Tatkraft. Und wie ist das ***jetzt*** *mit Dir?“*

„Nun, ich habe hier auf der Erde wichtige Aufgaben. Ich

schütze Menschen vor Unheil und Irrtümern. Leider sind viele Menschen nicht immer ansprechbar. Sie wollen oft mit dem Kopf durch die Wand und schaden sich dadurch nur selbst. Ebenso ist es für mich eine besonders liebevolle Aufgabe, Dich zu trösten und Dir zu helfen."

„Trost brauche ich und die Kinder auch. Direkte andere Hilfe benötige ich im Augenblick Gott sei Dank nicht. Denn Du hast ja umfassend für uns gesorgt, als Du noch gelebt hast."

„Das ist sehr schön. Doch wirst Du mit den Kindern häufig den einen oder anderen Rat brauchen. Und dann bin ich für Euch da."

„Helmut, Du hast gesagt, die Geistmenschen seien in der liebevollen Gemeinschaft ohne Streit und Hass. Aber es gibt doch auch viele Menschen, die hier auf der Erde nur Hass und Streit verbreitet haben. Sind die auch bei Euch in dieser glücklichen und liebevollen Gemeinschaft?"

„Nein. Sie sind nicht bei uns."

„Gibt es sie denn dann nicht mehr im Jenseits?"

„Doch. Aber sie existieren in der Trennung von der Glücksgemeinschaft. Sie sind fern von uns, weil sie auch nicht bei uns sein wollen. Sie hassen das höchste Wesen und uns auch. Deshalb können und wollen sie nicht bei uns sein. Sie würden unsere Gemeinschaft nur durch Streit und Hass stören und durcheinanderbringen wollen. Das würde das allerhöchste Wesen aber nicht zulassen."

„Können wir denn dann irgendwann auch in diese glückliche und liebevolle Gemeinschaft kommen?"

„Ja. Aber dann müsst Ihr auch Euer Leben so gestalten, dass

es den Vorstellungen und Vorgaben des höchsten Wesens entspricht."

„Und was bedeutet das?"

„Du weißt doch: Es gibt das Gesetz der uneingeschränkten Liebe zu Gott und der Nächstenliebe: Liebe Deinen Nächsten wie Dich selbst. Hass, Zank und Streit gehören nicht dazu."

„Das sehe ich ein, und das will ich ja auch, unsere Kinder ebenso. Ich bin gegen Hass und Krieg. Warum gibt es überhaupt Hass und Zwietracht?"

„Nun, wenn Menschen sich nicht an das göttliche Gebot der Gottes- und Nächstenliebe halten, dann herrschen nur Hass und Chaos."

„Kannst Du denn auch in die Zukunft schauen?"

„Ja. Im irdischen Leben hat mich der Körper wie eine riesige Hülle ummantelt und abgeschirmt, sodass ich nicht in die Zukunft sehen konnte. Jetzt aber habe ich ja diesen Körper nicht mehr. Daher kann ich auch in die Zukunft schauen."

„Was siehst Du denn für uns in unserem weiteren Leben?"

„Ich sehe sehr viel Gutes: Du wirst bald in Teilzeit zu Deinem früheren Beruf als Erzieherin zurückkehren, denn Du musst ja auch für die Kinder da sein, wenn sie aus der Schule heimkommen. Deshalb gehst Du nur in Teilzeitarbeit. Dadurch wirst Du auch von der Trauer abgelenkt."

„Aber ich muss doch immer an Dich denken. Warum soll ich denn von der Trauer abgelenkt werden."

„Trauer ist notwendig, aber sie darf einen Menschen nicht zugrunde richten. Und das wäre bald mit Dir geschehen."

„Woher weißt Du das denn alles?"

„Ich schaue doch auf Dich und die Kinder. Ich sehe Eure Situation, weil ich ja auch in die Zukunft blicken kann."

„Und Du hältst die Teilzeittätigkeit in einer Kindertagesstätte für gut?"

„Ja, unbedingt."

„Aber Du hast uns doch so gut versorgt, dass ich das eigentlich nicht machen müsste."

„Es ist aber gut für Dich. Außerdem bist Du eine sehr gute Erzieherin, die mit Kindern ausgezeichnet umgehen kann und ihnen eine sehr gute Erziehung bietet."

„Weißt Du denn auch, was mit unseren Kindern weiter passiert?"

„Ja. Katrin, unsere Älteste, wird ihr Abitur sehr gut bestehen. Dann möchte sie Deutsch und Geschichte studieren, um Lehrerin an einem Gymnasium zu werden. Das wird sie auch problemlos schaffen."

„Und wie geht es mit Georg und seinen fünfzehn Jahren weiter?"

„Er wird auch weiterhin das Gymnasium besuchen. Ihm musst Du ab und zu intensiv zureden. Denn er neigt ja zu Bequemlichkeit. Aber trotzdem kommt er erfolgreich weiter, ja, er steigert sich in der Oberstufe. Dann packt ihn der Ehrgeiz. Auch er legt eine sehr gute Reifeprüfung ab."

„Wird er auch irgendwann studieren?"

„Ja. Er will dann sogar Medizin studieren."

„Schafft er das? Da wird doch nicht jeder zum Studium zugelassen."

„Doch, er schafft es. Er studiert dann voll Begeisterung und

Erfolg."
„Und was geschieht dann weiter?"
„Georg wird auch alle Prüfungen bestehen und irgendwann ein guter Facharzt in einer Klinik für Onkologie, also Krebsheilkunde, werden. Das möchte er, weil ich ja an Krebs gestorben bin und er auf diesem Gebiet forschen und tätig sein will."
„Oh, und das weißt Du alles?"
„Ja. Ich werde Euch auch begleiten, meistens heimlich und unsichtbar. Aber ich bin bei Euch. Mach Dir also keine unnötigen Sorgen und sei bald frohen Mutes. Es geht immer weiter. Denn wir sind ja alle in Gottes Hand."

Danach nahm der Lichtschein ab, und ihren Mann sah seine Frau nicht mehr. Elvira, die Frau des Verstorbenen, ließ sich das ganze Gespräch mit ihrem Mann durch den Kopf gehen. Sie empfand nun in ihrem tiefsten Innern einen Trost, den sie vorher nicht für möglich gehalten hätte. Zwar war sie zunächst auch kritisch und überlegte, ob sie ihren verstorbenen Mann denn auch tatsächlich gesehen und mit ihm gesprochen habe. Aber je mehr sie darüber nachdachte, umso intensiver war ihr Eindruck, dass das Erlebte keine Täuschung sein konnte.
Sie wollte aber abwarten, ob die Vorhersagen ihres Mannes sich bewahrheiten würden.
Tatsächlich traf bald schon ein, dass Elvira D. von ihrer früheren Beschäftigungsstelle das Angebot erhielt, zunächst als Teilzeitkraft wieder im Erziehungsdienst tätig zu werden, ein Angebot, das sie begeistert annahm.

Bald darauf legte Katrin ihre Reifeprüfung mit Bravour ab und studierte dann tatsächlich – von sich aus und ohne Zutun ihrer Mutter – Deutsch und Geschichte.

Ähnlich geschah es auch mit ihrem Sohn Georg. Je näher das Abitur rückte, umso ehrgeiziger wurde er und steuerte auch auf ein überaus erfolgreiches Abitur zu. Anschließend überraschte es Elvira D., als ihr Sohn ihr nach dem Abitur sagte, nun wolle er Medizin studieren und sich irgendwann nach Möglichkeit auf Krebsheilkunde konzentrieren.

Auch die weiteren Vorhersagen trafen im Lauf der Jahre ein. Elvira D. war nun von der Richtigkeit der Voraussagen ihres verstorbenen Mannes überzeugt.
Er erschien ihr nicht mehr. Aber sie spürte, dass er sie begleitete und ihr tatkräftig half, auf sie zukommende Probleme zu lösen und zu bewältigen.

Sie redete gleichsam geistig sehr oft mit ihm und schöpfte Trost und Kraft aus den heimlichen Dialogen mit ihrem heimgegangenen Mann.

DIE LIEBE DER VERSTORBENEN MUTTER

Melanie R. hatte ein ganz besonders enges Verhältnis zu ihrer Mutter. Nach dem Tod des Vaters vor fünf Jahren war sie wieder zu Hause eingezogen, um ihrer Mutter nahe zu sein. Sie musste zwar etwas weiter zu ihrer Schule fahren, wo sie als Lehrerin tätig war. Aber das nahm sie gern in Kauf, nur um bei ihrer Mutter zu sein.

Der schon älteren Mutter wegen hatte sie auf einen Mann und eine eigene Familie verzichtet. Denn sie war die einzige Tochter, das einzige Kind. Sie war ganz besonders sensibel. Das zeigte sich außerordentlich stark, wenn irgendjemand aus ihrer Familie oder ein ihr besonders nahestehender Bekannter an einer gefährlichen Krankheit litt oder große Probleme zu tragen hatte. Dann konnte sie gleichsam erahnen, wie es für die jeweils Betroffenen weiterging.

Zu ihrer Mutter hatte sie eine besonders enge Bindung. Das ging sogar so weit, dass sie ihre Mutter möglichst nicht länger als einen Tag allein ließ. Und ausgerechnet, als es sich nicht vermeiden ließ und sie drei Tage auf einer Lehrerfortbildung war, versuchte sie am vorletzten Abend wie auch sonst immer, ihre Mutter mit ihrem Handy zu erreichen. Aber diesmal war es anders. Niemand meldete sich. Den ganzen Abend über versuchte sie es vergeblich. Auch am Festnetz meldete sich niemand.

Da ahnte sie, mit ihrer Mutter musste etwas Schreckliches passiert sein. Sie rief bei den Nachbarn an und fragte, ob sie irgendetwas Auffälliges bei ihrer Mutter oder an ihrem Haus mitbekommen hätten. Sie verneinten, teilten aber mit, heute wären alle Rollläden verschlossen geblieben.
Da wusste Melanie R., mit ihrer Mutter musste wirklich etwas Schlimmes geschehen sein: Entweder war sie hingestürzt und lag hilflos auf dem Boden. Oder es war noch etwas Schlimmeres passiert.

Da hielt es sie nicht länger bei der Fortbildung. Sie meldete sich ab und fuhr noch am gleichen Abend nach Hause. Und dort erwartete sie etwas Furchtbares:
Im Wohnzimmer fand sie ihre Mutter. Sie saß in ihrem geliebten Sessel und atmete nicht mehr. Ihre Augen waren halb geöffnet, ebenso ihr Mund. Der Körper ihrer Mutter war eiskalt. Ihre Mutter musste also schon mehrere Stunden lang tot sein.

Der Fernseher lief noch. Er zeigte das Programm eines Senders mit religiösen Inhalten. Ihre Mutter schaute diese Sendungen voller Begeisterung. Melanie R. hatte diesen Fernsehwunsch ihrer Mutter stets toleriert, obwohl sie zuweilen den Eindruck hatte, das sei manchmal des Guten zu viel.

Für die Lehrerin war dieses Erlebnis jetzt ein schrecklicher Schock. Sie warf sich voller Verzweiflung über ihre Mutter und bedeckte deren Gesicht mit lauter innigen Küssen. Dabei vergoss sie gleichsam ein Meer von Tränen. Wie kalt dieses

Gesicht nun war, schien sie zunächst nicht wahrzunehmen. Erst nach langer Zeit erkannte sie, dass ihre Mutter nicht mehr lebte. Schließlich bestellte sie trotz der vorgerückten Stunde den Hausarzt. Er solle ihre Mutter untersuchen, um notfalls noch helfen zu können oder die Todesursache festzustellen.

Der Hausarzt traf auch sehr bald ein und untersuchte ihre Mutter eingehend. Er sagte der Lehrerin dann, ihre Mutter sei mit Sicherheit in der letzten Nacht verstorben. Die Todesursache sei ohne Zweifel Herzversagen infolge eines tödlichen Infarkts. Fremdverschulden sei sicherlich auszuschließen. Er sprach der Lehrerin sein herzliches Beileid aus, bevor er den Totenschein ausstellte.

Der Hausarzt war ein besonders mitfühlender Mensch und tröstete die Hinterbliebene mit tief empfundenen Worten der Anteilnahme. Die in solchen Fällen geläufigen Floskeln und Worthülsen – etwa von gesegnetem Alter und schmerzlosem Tod ohne Leidenszeit usw. – vermied er sorgfältig, weil er wusste, dass dieses Geschwätz taktlos ist, erst recht bei einer gebildeten Frau.

Melanie R. fragte den Arzt, ob irgendetwas dagegen spräche, ihre Mutter diese Nacht noch in ihrem Sessel zu lassen und erst am folgenden Tag abholen zu lassen. Der Arzt sah keine Hinderungsgründe.

Sie dankte dem Arzt und verabschiedete ihn. Dann setzte sie sich neben ihre Mutter und gab sich ganz ihrer tiefen Trauer hin. Sie nahm die rechte Hand ihrer Mutter in ihre beiden Hände und ließ ihre Tränen fließen.

Wie lange sie so gesessen hatte, konnte sie später nicht sagen.

Dabei aber schlummerte sie in eine Art von Dämmerschlaf. Was sie in diesem Halbschlaf erlebte, schilderte sie später so:

Ich konnte und wollte es nicht fassen, dass mich meine Mutter verlassen hatte. Immer wieder hatte ich gelernt: Beim Tod endet nicht das Leben total. Nur der Körper hört auf zu leben. Geist und Seele aber existieren weiter. Sie können nicht sterben. Hiervon war ich restlos überzeugt. Also musste es doch möglich sein, mit der Geistseele meiner Mutter Verbindung aufzunehmen, mit ihr in Kontakt zu treten. Deshalb rief ich in meinem dämmrigen Halbschlaf immer wieder:
„Bitte, Mama, melde Dich! Warum hast Du mich verlassen? Bitte, melde Dich!“
Wie oft ich so gerufen habe, weiß ich nicht und wusste es damals auch nicht. Manchmal erwachte ich aus meinem Dämmerschlaf. Dann weinte und heulte ich wie ein kleines Kind. Dabei rief ich wieder:
„Bitte, bitte, liebe Mama, melde Dich, melde Dich!“
Schließlich dämmerte ich wieder irgendwie ein. Aber da geschah es:
Weitaus heller als die Beleuchtung des Wohnzimmers erstrahlte eine ganz besondere Helligkeit, durch die ich sofort vollends vom Halbschlummer erwachte. Sie leuchtete den gesamten großen Raum aus. Und in diesem Licht, das man sich nach irdischen Vorstellungen nicht erklären kann, sah ich eine Gestalt, die von sehr weit her auf mich zukam. Als sie in der Nähe angekommen war, erkannte ich – meine Mutter. Sie lächelte mich überaus liebevoll an. Ihr Gesicht wirkte fast jugendlich.

Sie blieb vor mir stehen. Und dann hörte ich sie sagen:
„Melanie, Mäuschen, sei nicht traurig, dass ich dort bei Dir nicht mehr lebe. Aber mich gibt es jetzt in der anderen Welt."
„In welcher Welt bist Du denn jetzt?"
„Im Jenseits."
„Ist das der Himmel, wie wir ja immer gesagt haben?"
„Noch nicht ganz. Aber ich werde einmal dorthin kommen, nur jetzt noch nicht?"
„Und wo bist du jetzt?"
„Noch in einer Bewährungsphase."
„Und was bedeutet das?"
„Wer noch nicht ganz reif ist für die Gemeinschaft mit dem höchsten Wesen, der hat eine Bewährungsphase."
„Und wie gestaltet sich diese Phase?"
„Ich habe den Auftrag, gefährdeten Menschen beizustehen. Sie sollen vor Unheil und Lebensgefahr bewahrt werden."
„Aber Mama, ist das für Dich nicht zu beschwerlich?"
„Liebes Kind. Jetzt beurteilst Du mich aus rein irdischer Sicht. Denk aber daran, ich bin jetzt kein Mensch mehr mit einem betagten Körper. Ich bin nun ein geistiger Mensch, der weder Alter noch körperliche Gebrechen mehr kennt."
„Musstest Du bei Deinem Tod noch leiden?"
„Eigentlich kaum. Ich habe zunächst eine religiöse Sendung gesehen. Da spürte ich plötzlich einen leichten stichartigen Schmerz links in der Brust. Er ging bis in die Schulter. Und dann hörte er auch sehr schnell auf. Ich spürte nichts mehr von meinem Körper. Vielmehr war es mir, als schwebte ich an die Decke des Wohnzimmers. Aber da blieb ich nicht. Denn bald

sah ich gar nichts mehr von unserer Wohnung. Ich kam durch eine Art von Tunnel. Vom anderen Ende dieses zunächst dunklen Ganges leuchtete ein ganz helles Licht. Es blendete mich aber nicht. In dieses Licht schwebte ich hinein und war auf einmal von lauter hellem Licht umgeben.
Dann lief mein ganzes Leben wie in einem äußerst schnellen Film vor mir ab. Ich sah alle Höhen und Tiefen meines Lebens. Schließlich hörte ich aus dem Licht heraus eine Stimme, die mich fragte, ob ich mit allem in meinem Leben zufrieden sei. Ich sagte ehrlich meine Ansicht. Mit den meisten Lebensabläufen sei ich wohl zufrieden. Manches hätte vielleicht etwas besser sein können. Die Stimme gab mir recht und sagte dann, ich würde einmal in die Gemeinschaft mit dem höchsten Wesen kommen. Doch jetzt solle ich mich bewähren und eine Art Helferin für Menschen in höchster Lebensgefahr werden, um sie vor großem Unheil zu bewahren."
„Und was hast Du darauf gesagt."
„Ich habe geantwortet, das finde ich gut. Also habe ich diese sehr gute Aufgabe übernommen."
„Also bist Du noch nicht richtig im Himmel?"
„Aber doch so halb. Mir geht es nicht schlecht. Und andern zu helfen, habe ich ja auch schon im irdischen Leben so gemacht."
„Ich wünschte, ich könnte bei Dir sein."
„Ins Jenseits kommst Du noch früh genug. Aber zunächst hast Du noch viele Aufgaben in Deinem Leben."
„Kannst Du mir auch vielleicht sagen, welche Aufgaben das sein könnten?"

„Aber sicher. Zunächst hast Du ja eine sehr gute Tätigkeit an Deiner Schule. Du wirst wieder Schüler in Deutsch heil durchs Abitur bringen."

„Ja, das ist aber nichts Besonderes."

„Nur Geduld, mein Mäuschen. Es kommt ja noch mehr: Im Sommer wirst Du einen lieben und guten jungen Mann kennenlernen. Ihr werdet euch ineinander verlieben und genau in einem Jahr heiraten."

„Und dann?"

„Ein Jahr später kommt dann Euer ältester Sohn zur Welt. Er wird ein richtiger Sonnenschein werden. Wieder nach einem Jahr kommen eine Tochter und zwei Jahre später der jüngste Sohn zur Welt. Ihr seid dann eine richtig glückliche Familie."

„Mama, woher weißt Du das denn alles?"

„Es ist unglaublich, aber ich sehe es ganz klar vor meinem geistigen Blick. Wahrscheinlich liegt das daran, dass ich von meinem Körper nicht umhüllt und abgeschirmt bin. Ich kann deutlich erkennen, wie sich Deine Zukunft entwickelt."

„Aber das kann man doch kaum glauben."

„Gut, dann lass Dich mal von Deiner Zukunft überraschen."

Mit diesen Worten verabschiedete sich meine Mutter von mir. Das helle Licht nahm allmählich ab, bis ich wieder nur die Wohnzimmerbeleuchtung sah. Meine Mutter sah ich nicht mehr.

Ich war innerlich wie durchgerüttelt. Konnte das stimmen, was ich da gesehen, gehört und erlebt hatte? Ein Traum war es mit absoluter Sicherheit nicht. Denn ich war ja die ganze Zeit über hellwach gewesen. Ob dieses Erlebte ein Trugbild, also eine Halluzination gewesen war, musste sich in der Zukunft zeigen.

Jedenfalls war das Erlebnis ein einziger Trost für mich. Natürlich war und bin ich ein kritischer Mensch, der nicht alles leichtfertig glaubt. Aber konnte es nicht doch so sein, wie meine verstorbene Mutter es mir geschildert hatte? Das würde mir sehr über den Schmerz um den Tod meiner Mutter hinweghelfen. Ich stand ja nun ganz ohne Eltern und ohne Geschwister da. Aber schließlich war ich erwachsen und hatte einen sehr guten Beruf, der mich völlig ausfüllte.

In dieser Nacht konnte ich natürlich kein Auge schließen. Ich war viel zu aufgeregt. Und neben mir saß meine tote Mutter, aber ihr Geist lebte zweifellos weiter und war mit Sicherheit immer in meiner Nähe.

Am nächsten Morgen teilte ich dem Direktor meines Gymnasiums mit, dass meine Mutter gestorben war. Er drückte mir sein herzliches Beileid aus, ebenso die Anteilnahme der gesamten Schule. Zugleich beurlaubte er mich für zwei Tage, um alle Angelegenheiten in diesem Trauerfall zu regeln.

Anschließend verständigte ich einen Bestatter, der auch umgehend kam und alle erforderlichen Informationen erhielt. Ebenso bat ich den zuständigen Geistlichen um seinen Besuch. Er sprach mir innigsten Trost zu und besprach mit mir den Trauergottesdienst.

Ich wunderte mich selbst über meine innere Ausgeglichenheit und Gelassenheit. Nach dem Erlebnis mit meiner Mutter empfand ich kaum noch Trauer. Die Teilnehmer an der Beisetzung meiner Mutter mögen mich wohl für eine kühle, ja gefühlskalte Tochter gehalten haben. Aber ich verspürte tatsächlich keinen Trauerschmerz mehr.

Und die Erfüllung ihrer Vorhersage wartete ich dann mit größter Spannung ab. Zunächst hielt ich das Prophezeite für völlig unwahrscheinlich. Aber im Sommer des gleichen Jahres geschah das Unglaubliche:

Zu Beginn des neuen Schuljahres tauchte ein neues Gesicht im Lehrerkollegium auf. Für einen zum Ende des alten Schuljahres in den Ruhestand verabschiedeten Kollegen kam ein „Neuer". Er übernahm den Unterricht in den Fächern Englisch und Latein, in denen der pensionierte Lehrer unterrichtet hatte. Der Direktor stellte ihn vor. Der „Neue" war ein gut aussehender Kollege, den ich auf ein mit mir vergleichbares Alter schätzte. Er war auf seinen Wunsch hin zu uns versetzt worden, weil er aus dieser Gegend stammte. Auf Anhieb war er mir sympathisch. Bei dem üblichen „Shakehands" sah er mir etwas länger in die Augen, als er es sonst tat. Ob auch er sich ein wenig für mich interessierte? Ich schaute anschließend auf seine Hände, ob dort ein Ring zu erkennen sei. Aber sie waren leer. Dann hielt ich mich auch sofort für närrisch. Wo kann man denn in der heutigen Zeit noch nach Attributen einer festen Bindung Ausschau halten?

Doch dann fügte es sich ganz eigenartig. Fast hätte man von „Zufall" sprechen können. Aber von „Zufällen" halte ich nichts. Der „Neue" suchte im Lehrerzimmer nach einem leeren Stuhl. Und der befand sich ausgerechnet an unserm Tisch. Also nahm er an unserem „Sechs-Sitzer" Platz, mir direkt gegenüber. Zwar redeten wir vor Unterrichtsbeginn und in den Pausen häufig über belanglose Dinge, allerdings auch über dienstliche Angelegenheiten. Und hier bot sich die Gemeinsamkeit in unserem gemeinsamen Fach Englisch, das ich neben Deutsch unterrichtete.

Wir trafen uns auch in der Fachkonferenz Englisch. Dort lernte ich den neuen Kollegen als überaus kenntnisreichen, äußerst konsequenten, aber auch einfühlsamen Lehrer kennen. Das entsprach auch meiner ebenso gearteten pädagogischen Haltung. Ging es doch darum, unseren Schülern und Schülerinnen nicht nur Lehrstoff zu vermitteln, sondern sie auch zu tüchtigen Menschen zu erziehen.

Wie gern hätte ich mich mal mit diesem Kollegen getroffen. Aber immer wenn ich das Gespräch ganz vorsichtig in diese Richtung bringen wollte, blockte er ab. Da musste er wohl irgendeine „Sperre" haben. Trotzdem merkte ich bald, dass er irgendwie meine Nähe suchte. So traf es sich nach mehreren Wochen, dass der alljährliche Betriebsausflug stattfand, von unserem Schulpersonalrat sehr sorgfältig vorbereitet. Diesmal ging es nach Xanten am Niederrhein, gerade für einen Romanisten wie den neuen Kollegen höchst ideal. Dieses uralte römische Kastell bot gerade für einen „Latiner" beste Möglichkeiten, seinem Forscherdrang nachzugeben. Er war voller Be-

geisterung von den alten Überbleibseln aus glorreicher römischer Zeit. So erklärte er uns Ausflüglern – ganz gleich, ob gefragt oder ungefragt – das Wirken der alten Römer.
Was er erzählte, war wirklich hochinteressant. Ich hörte ihm begeistert zu. Und das in doppelter Hinsicht: Erstens interessierten mich seine Erklärungen. Zweitens war ich aber auch von ihm selbst fasziniert.
Bei der Rückfahrt setzte er sich spontan neben mich. Natürlich fragte er höflich, ob ich etwas dagegen habe. Und ebenso natürlich hatte ich nichts dagegen.
So kamen wir ins Gespräch. Ich sprach vom Tod meiner Mutter, die ich als Einzelkind ganz besonders innig geliebt hätte und selbstverständlich auch noch weiter liebe. Von meinem Erlebnis sagte ich aber nichts. Jetzt deutete er ganz allmählich an, auch ihn habe ein schreckliches Ereignis hart getroffen.
Danach hatte er eine Braut gehabt. Sie hatten beide auch bald heiraten wollen. Aber dann sei sie bei einem schweren Autounfall vor einem Jahr ums Leben gekommen. Er litt offenbar noch jetzt darunter. Ich sagte nichts dazu, drückte ihm aber die Hand. Das nahm er dankbar an und drückte auch mir die Hand.
So fuhren wir zunächst schweigend nebeneinander. Ich sah irgendwann kleine Tränen in seinen Augen, sagte aber nichts dazu.
Auf der Rückfahrt hatte der Personalrat auch ein Abendessen in der Nähe unseres Heimatortes vorgesehen. In diesem Lokal steuerte ich auf einen Tisch zu, an dem auch der neue Kollege Platz nahm. Bei diesem Abendessen bestellte der Kollege eine

Flasche Rotwein. Und beim Zuprosten bot ich ihm das „Du" an, das er offenbar mit Begeisterung annahm. Ich war die Melanie und er der Markus, Markus G.
Zunächst zögernd und dann immer flüssiger erzählte er seinen Lebenslauf. Er stammte aus ganz einfachen Verhältnissen, hatte sich aber hochgerappelt und das Geld für sein Studium zum größten Teil selbst verdient. Ich sagte ihm, dass ich vor seiner bisherigen Lebensleistung höchste Achtung habe. Meinen Werdegang schilderte ich ihm dann ebenfalls. Er war längst nicht so hart gewesen, denn meine Eltern hatten mich stets voll unterstützen können. Schließlich empfanden wir tiefe Zuneigung zueinander, ohne dies aber in Worte zu kleiden.

Beim Abschied fragte er mich, ob er mich am Wochenende, also am nächsten Tag, einem Samstag, zu einem gemeinsamen Spaziergang einladen dürfe. Natürlich hatte ich nichts dagegen.
Mein neuer Freund besuchte mich regelmäßig und war zutiefst in mich verliebt, ich aber auch in ihn.

Allmählich merkte ich, die erste Vorhersage meiner Mutter hatte sich erfüllt. Und nun war ich gespannt, was aus ihren anderen Prophezeiungen werden würde:

Einige Wochen vor dem ersten Todestag meiner Mutter machte Markus mir einen Heiratsantrag. Ich nahm ihn sehr gern an. Wir regelten die Formalitäten und äußerten auch den Wunsch, kirchlich zu heiraten.

Auch diese Heirat leiteten wir in die Wege.
Durch die fixierten Termine des Standesamtes und auch des Pfarramtes ergab es sich dann ganz eigenartig, dass wir tatsächlich ein Jahr nach dem Tod meiner Mutter heirateten.
Also hatte sich auch die zweite Vorhersage meiner Mutter buchstäblich und exakt erfüllt.

Nun zweifelte ich kaum noch daran, dass sich auch die weiteren Prophezeiungen erfüllen würden. Dies geschah auch so – geradezu mit absoluter Genauigkeit:
Drei Monate nach unserer Hochzeit wurde ich schwanger. Damit stand eigentlich auch der Geburtstermin des ersten Kindes ziemlich fest. Und „pünktlich" ein Jahr nach unserer Heirat brachte ich einen Sohn zur Welt, auch noch ausgerechnet an einem Sonntag. Es war – und ist – ein ausgesprochen liebes Kerlchen. Meine Mutter hatte einen Sonnenschein vorhergesagt. Und ich muss gestehen, dass sie auch damit recht behielt. Natürlich sind für eine Mutter eigentlich ihre Kinder alle Sonnenschein-Kinder. Aber auch bei nüchterner Betrachtung muss ich sagen: Auf diesen Jungen traf und trifft dies tatsächlich zu.
Also hatten sich auch diese Prophezeiungen erfüllt, und zwar sowohl dem Zeitpunkt der Geburt, dem Geschlecht des Kindes als auch dem Charakter unseres Sohnes nach.

Als ich dann nach einem weiteren Vierteljahr erneut schwanger wurde, war mir endgültig klar: Alle Vorhersagen meiner verstorbenen Mutter hatten sich entweder schon erfüllt oder erfüllten sich noch – genau und uneingeschränkt.

Also konnte es sich bei diesem nächtlichen Gespräch mit meiner Mutter nicht im Entferntesten um eine Sinnestäuschung oder eine überzogene Deutung des Erlebnisses handeln. Und damit waren auch die letzten Zweifel daran ausgeräumt, dass meine Mutter in der jenseitigen Welt weiterlebt, dass sie mich in diesem Leben begleitet und immer weiß, was mit ihrer Tochter, ihrem einzigen Kind, geschieht.
Und so rufe ich ihr sehr oft zu:
„Liebe Mutter, ich danke Dir, ich bewundere Dich und bitte, achte auf mich und meine Familie."

Eigentlich braucht man diesem Bericht kaum noch etwas hinzuzufügen. Denn diese Frau hat auch selbst bereits eine eigene und offenbar völlig zutreffende Erklärung gegeben.

Darum mögen vorab nur zwei Ergänzungen genügen:
Traum und Halluzination scheiden aus. Denn Melanie R. war bei der Vision erstens hellwach und lag nicht etwa im Koma. Und bei Traum und Trugbild werden ja nur *die* Inhalte wiedergegeben, die im Moment von Traum und eventueller Sinnestäuschung im Gehirn vorhanden sind. Hier aber wurden – zweitens – zukünftige Geschehnisse angekündigt, die sich dann auch **tatsächlich genau so ereigneten.**

Außerdem ist bemerkenswert, dass sich Melanie R. als *besonders sensibel* bezeichnete. Dieses Wesensmerkmal ist außerordentlich wichtig, wenn es darum geht, überirdische Mitteilungen zu empfangen und sich ihnen zu öffnen. Es ist gleichsam die ganz seltene Fähigkeit eines Menschen, den abschirmenden „Panzer“ des Körpers zu durchbrechen und für Signale aus der jenseitigen Welt empfänglich zu sein.

RETTUNGSHINWEIS DER OMA

Maria L. lebte damals in Polen. Sie war immer am liebsten bei ihren Großeltern, den Eltern ihrer Mutter. Ihre Eltern waren beide berufstätig, sodass die kleine Maria meistens sich selbst überlassen war. Es waren überaus liebevolle Großeltern. Sie lebten von einer kleinen Landwirtschaft. Weil sie sorgfältig wirtschafteten und sehr sparsam waren, hatten sie trotzdem ein sehr schönes Leben. Und Oma hatte für die kleine Maria immer eine kleine Überraschung. Mal waren es selbst gebackene Plätzchen oder gedörrte Früchte, manchmal auch Süßigkeiten. Und wenn Opa mit Getreide in die nicht allzu weit entfernte Stadt fuhr, brachte er zuweilen sogar eine kleine Puppe oder anderes Spielzeug mit. Wenn die kleine Enkelin dann einen Luftsprung machte, freute Opa sich selbst wie ein kleines Kind. Fuhr dann ab und zu die Kleine mal zu ihren Eltern, dann stand vor allem Opa an der Bushaltestelle und weinte wie ein Schlosshund. Dann musste Maria ihn immer trösten:

„Aber Opa, ich komme doch in einer Woche wieder."

„Ja, aber erst in einer Woche. Und die Woche ist noch so lang."

„Sieh mal, heute ist schon Montag. Und am Sonntag bin ich schon wieder da."

„Ja, aber wenn Deine Mama und Dein Papa Dich dann nicht wieder herfahren lassen?"

„Doch das tun sie. Sonst werde ich so lange heulen, bis sie mich wieder weglassen."

Die mütterlichen Großeltern hatten ein unglaublich herzliches und inniges Verhältnis zu ihrer Enkelin, wie man es sich kaum größer und liebevoller hätte vorstellen können. Und diese innige Beziehung blieb auch bestehen, selbst als ihre Enkelin nach ihrem Schulabschluss an einer fernen Hochschule studierte. Am Wochenende führte sie ihr Weg immer wieder zu Opa Piotr und Oma Ewa.

So vergingen die Jahre, aber die besonders innige Verbundenheit mit den Großeltern blieb bestehen. Irgendwann sagte Oma Ewa ihrem Mann:
„Ich habe das Gespür, dass ich sterbe."
„Wie meinst Du das denn?"
„Mir geht es nicht gut. Du musst zur Nachbarin gehen und den Arzt anrufen."
Dann zeigte sie auf die Eichenkommode im Flur und sagte:
„Darin sind Dinge für unsere Enkelkinder."

Der erschrockene Ehemann sprang sogleich auf, um den Arzt anzurufen. Als er nach fünf Minuten von der Nachbarin zurückkam, lag seine liebste Ewa im Bett und war tot.

Trauer und Schmerz der ganzen Familie kann man sich kaum vorstellen.
Nach der Beerdigung blieb die Familie beim Witwer, um ihn in seinem Leid ein wenig aufzufangen.

Als er dann einige Tage später die Eichenkommode öffnete, staunte er und stöhnte:
„Das ist meine Ewa! So wie sie war und lebte."
In der Kommode befanden sich persönliche Sachen von ihr mit kurzen Dankbriefen an die Enkelinnen und Enkel.

Die erwachsene Enkelin Maria erhielt die goldene Uhr, die ihre Oma immer getragen hatte, sowie einen kleinen Karton mit gemeinsamen Fotos.

*

Jahre später feierte Maria mit ihrem Mann den dritten Geburtstag ihrer Tochter Lisa, die durchs Zimmer lief und vergnügt quietschte:
„Mama, was machst Du da?"
Darauf erwiderte ihre Mutter:
„Ich schaue mir die Bilder von Deinem Geburtstag an."
„Hast Du auch solche Bilder, Mama?"
„Ja", sagte ihre Mutter und holte den kleinen Karton, den ihre Oma hinterlassen hatte. Maria und ihre Tochter Lisa hatten sehr viel Spaß an den Bildern. Nur erfüllte Maria die Sorge, dass ihr Opa Piotr an diesem Geburtstag nicht hatte teilnehmen können, weil es ihm gesundheitlich nicht gut ging. Er hatte zwar kurz angerufen. Doch merkte seine Enkelin Maria, dass seine Stimme sehr traurig klang.

Als ihre Tochter inzwischen eingeschlafen war, schaute Maria sich noch einmal die früheren Fotos von ihr und ihren Großeltern an. Besonders die Bilder mit ihrem Großvater Piotr und ihrer Großmutter Ewa hatten es ihr angetan. Beim Betrachten dieser Bilder streichelte Maria das Gesicht ihrer Großmutter. Und auf einmal kam es ihr so vor, als ob Oma Ewa leibhaftig aus dem Foto herauskomme.

Wie sich dieses Ereignis dann weiter gestaltete, berichtet Maria persönlich:

Liebevoll streichelte ich das Foto mit dem noch immer vertrauten Gesicht meiner Oma. Dabei sagte ich zu mir selbst:
„Oh, liebe Oma, es ist schade, dass Opa heute nicht zu Lisas wunderschönem Geburtstag kommen konnte. Am Telefon hat er sehr traurig geklungen."
Dabei streichelte ich ihr Gesicht auf dem Foto noch immer.
Und dann auf einmal – was war denn das? Da kam mir Oma Ewa regelrecht aus dem Bild entgegen. War so etwas denn überhaupt möglich?
Ja, es stimmte: Oma Ewa kam mir aus dem Lichtbild tatsächlich entgegen. Dabei sah ich Oma in einem ganz hellen Licht und spürte zugleich eine wundervolle Wärme. Zunächst dachte ich, das sei eine Sinnestäuschung. Aber es konnte wirklich keine Halluzination sein, denn meine Großmutter stand auf einmal wirklich vor mir, und ich war hellwach. Sie sah eigentlich aus wie zu meiner glücklichen Kinderzeit. Sie schaute mich liebevoll und mit herzlicher Innigkeit an, sagte aber zunächst

nichts. Ich überlegte, soll ich sie einfach ansprechen? Falsch machen konnte ich damit bestimmt nichts: Oma Ewa war immer sehr liebevoll gewesen und hatte mich noch nie ausgeschimpft. Also würde sie es auch jetzt nicht tun.

Oder es war alles reine Täuschung, und dann würde ich keine Antwort bekommen. Also nahm ich mir ein Herz und redete sie einfach an:

„Oma, bist Du das wirklich?“

„Ja, mein Kind, kleine und jetzt große Maria. Ich bin es, Deine Oma Ewa.“

„Oh, was ist das so schön. Wie geht es Dir denn?“

„Mir geht es sehr gut.“

„Und wo bist Du jetzt?“

„Ich bin in der Gemeinschaft mit den Glücklichen, die beim höchsten Wesen sind.“

„Ist das der liebe Gott, den wir ja auch Herr und Gott nennen?“

Meine Oma lächelte still vor sich hin und sagte dann:

„Ja, so kann man auch sagen.“

„Oma, ich bin ja jetzt verheiratet und Lehrerin. Wir haben inzwischen auch eine liebe kleine Tochter.“

„Das weiß ich, liebe Maria.“

„Woher weißt Du das denn?“

„Nun, ich weiß doch, was auf der Erde geschieht. Für uns im Jenseits gibt es keine Trennung nach Raum und Zeit. Denn das gibt es nicht mehr.“

„Das alles weißt Du?“

„Ja, und ich weiß leider auch noch mehr. Denn Deinem Opa

geht es gar nicht gut. Und deshalb konnte er heute auch nicht zum Geburtstag Eurer Tochter kommen. Er ist ja jetzt ganz allein. Dein Opa kann noch nicht einmal vor die Tür gehen. Er hat ganz schlimme Beinschmerzen."

„Oh, da muss man doch helfen. Aber wie? Von hier aus sind es doch mehr als 100 Kilometer."

„Du musst die Notfallhilfe anrufen und seine Adresse angeben. Es ist ganz, ganz dringend."

„Oma Ewa, das mach ich sofort."

„Das ist sehr wichtig. Also mach das direkt. Und nun wünsche ich Dir und Euch allen von ganzem Herzen den Segen des höchsten Wesens und damit alles, alles Gute."

Indem Oma Ewa das sagte, nahm der vorherige wunderschöne Lichtschein mit dem Wärmegefühl ab, und meine Oma war nicht mehr zu sehen.

Ich spürte zunächst ein schmerzliches Trauergefühl. Denn Oma war nicht mehr da. Doch dann besann ich mich auf ihren Wunsch, meinem Opa zu helfen. Sofort rief ich die Notfallhilfe an, bat um deren sofortigen Einsatz und gab Opas Adresse durch.

Bald darauf rief ich auch bei Nachbarn an, um ebenso deren Hilfe für meinen Opa zu erbitten. Denn mein Opa hatte ja leider keinen Telefonanschluss.

Eine halbe Stunde später riefen mich Opas Nachbarn an und informierten mich, dass schon zwanzig Minuten nach meinem

Anruf bei der Notfallhilfe Opa abgeholt und ins nächste Krankenhaus gebracht worden war. Sie hatten dabei geholfen, dass die Haustür von Opas Haus geöffnet wurde, weil Opa ja nicht mehr richtig gehen konnte.

Eine Woche, nachdem Opa ins Krankenhaus gebracht worden war, erfuhr ich von dort, dass mein Opa an einer sehr schweren Thrombose an beiden Beinen litt und dass seine Rettung im allerletzten Moment geschehen sei. Einen Tag länger hätte er nach der Auskunft aus dem Krankenhaus nicht überlebt.

Nach der Genesung meines Großvaters sorgte ich natürlich mit Einverständnis meines Opas dafür, dass er in einem guten Seniorenheim Aufnahme fand und dort sehr gut behandelt und versorgt wurde.
Seinen Hausstand löste ich dann in seinem Sinne auf.

Mein Großvater lebte übrigens noch weitere fünf Jahre. Und das verdankte er der Rettung durch Oma Ewa aus dem Jenseits.

Mögliche kritische Einwände, hierbei handele es sich zweifellos um Halluzination oder Sinnestäuschung, also um Trugwahrnehmungen, sind leicht zu widerlegen:
Bei diesem Dialog mit einer Verstorbenen stimmten drei entscheidende Aspekte ganz genau überein:

Erstens gab die Großmutter den entscheidenden und treffsicheren Hinweis zur Rettung ihres Mannes und also auch Marias Großvaters, ohne dass sie jemals eine medizinische Ausbildung erhalten hatte.
Zweitens stellte sich heraus, dass dieser Hinweis zum allerletzten Zeitpunkt gegeben wurde, allerdings gerade noch rechtzeitig.
Drittens zielen diese Gesprächsinhalte auf notwendige Geschehnisse in der ***Zukunft.***

Annahmen, es handele sich bei diesen Sinneseindrücken – und vielleicht denkbaren Sinnestäuschungen – um eventuelle Träumereien, sind ebenso leicht zu widerlegen:
Bei Träumen werden *nur die Gedächtnisinhalte* wiedergegeben, die zu diesem Zeitpunkt im Gedächtnis gespeichert sind. *Zukünftige Ereignisse sind folglich noch nicht gespeichert und können somit im Traum auch* **nicht wiedergegeben** *werden.*

Folglich beruht auch dieser Dialog mit der verstorbenen Großmutter und mit seinen Folgegeschehnissen auf einem nach irdischem Verständnis nicht erklärlichen – also nur vom Jenseits her – zu erklärenden ***Phänomen.***

HILFE VOM VERSTORBENEN VATER

Wilma G. hatte das Gefühl, dass sie wohl schwanger sein könnte. Sie freute sich wie auch ihr Mann auf ihr erstes Kind. Regelmäßig ging sie zu den üblichen Vorsorgeuntersuchungen. Irgendwann zog der Frauenarzt seine Stirn in besonders krause Falten und schüttelte ganz heftig den Kopf. Wilma G. sah ihn irgendwie fragend und zweifelnd an:
„Stimmt mit mir irgendetwas nicht?"
„Frau G., ich bin mir nicht ganz sicher. Jedenfalls ist Ihr Schwangerschaftszustand nicht ganz so, wie es der normale Standard vorsieht."
„Und wie soll dieser Zustand eigentlich aussehen?"
„Ja so, dass das werdende Baby im Uterus, also in der Gebärmutter heranreift."
„Und wie ist es bei mir?"
„Bei Ihnen ist es irgendwie anders. Haben Sie denn besondere Schmerzen?"
„Eigentlich nicht mehr als es wohl in der Schwangerschaft üblich ist."
„Dann wollen wir diesen Zustand im Auge behalten. Gut, Frau G., dann bis zum nächsten Mal."
Damit gab der Frauenarzt der Patientin die Hand, womit sie bis zum kommenden Termin verabschiedet war.

Es dauerte nicht lange, bis Wilma G. dann doch eigenartige Schmerzen verspürte. Sie behielt ihr starkes Unwohlsein aber noch für sich, um ihren Mann nicht unnötig zu beunruhigen.

Außerdem musste er auch in dieser Woche zur Spätschicht, sodass er am frühen Abend nicht bei ihr war.
So saß sie im Wohnzimmer und grübelte vor sich hin, was sie denn eigentlich tun solle:
Ihren Frauenarzt anrufen? Aber das hielt sie nicht für günstig, denn es war ja schon Abend. Und der nächste Vorsorgetermin war erst in einigen Wochen.
Oder sollte sie einen Notarzt bemühen? Aber der würde wohl ungehalten sein, wegen eines Wehwehchens belästigt zu werden.
Unschlüssig saß sie im Wohnzimmer und wusste nicht, was sie denn nun eigentlich tun sollte. Auf der einen Seite hatten ihr die bedenklichen Bemerkungen des Frauenarztes gar nicht gefallen. Andererseits hatte er sie auf den kommenden Termin verwiesen. Wenn doch mit ihrer Schwangerschaft etwas nicht stimmen sollte, hätte er als gewissenhafter Facharzt sie nicht einfach nach Hause geschickt. Und als so ein Arzt war er doch immer wieder gelobt worden.
Während sie über das Für und Wider nachdachte, fiel sie irgendwann in einen leichten Schlummer, eigentlich nur ein Nickerchen, das ihr aber gutzutun schien.

Plötzlich wachte sie auf, denn es war ihr, als erstrahlte das Wohnzimmer viel heller, als es das übliche Lampenlicht bewirkte. Sie schaute ganz erstaunt auf und versuchte zu erkennen, wieso das Licht im Wohnzimmer auf einmal so ganz besonders hell war.
Waren die Lampen irgendwie nicht in Ordnung. Sie schaute

auf das Licht, das sie ausstrahlten, aber die Leuchten an der Wohnzimmerdecke waren nicht heller als sonst.
Erst nach einer Weile erkannte sie die Quelle der besonderen Helligkeit: Sie hatte keine Lampe oder Leuchte. Vielmehr war der Raum in sich ganz besonders hell. Und in diesem strahlenden Licht sah sie auf einmal ein Gesicht und einen Körper mit einer irgendwie durchscheinenden Helligkeit. Gesicht und Körper schienen sich ihr zu nähern. Zunächst erkannte sie noch nicht genau, wer sich da wohl näherte. Sie ängstigte sich auch nicht und empfand keinerlei Furcht. Vielmehr war sie aufs Äußerste gespannt, was nun geschehen könne und wer sich ihr da in einem unerklärlichen Licht wohl nähere.
Und da wurde es ihr bewusst. Das war doch das Gesicht ihres Vaters. Ihres Vaters? Aber der war doch schon seit Jahren tot. Sein Grab auf dem städtischen Friedhof pflegte und besuchte sie regelmäßig, denn ihre Mutter konnte es aufgrund ihres Alters nicht mehr.
Ihr Vater kam ganz nahe zu ihr heran. Und weiter berichtet Wilma G. selbst:

Ja, es war mein Vater. War er ein Gespenst oder ein Traumbild? Nein, er war es wirklich. Ganz erstaunt redete ich ihn an:
„Aber, Papa, bist Du es oder ist es nur ein Trugbild von Dir?“
„Wilma, hab keine Angst, ich bin es wirklich. Du kennst mich doch noch von früher her.“
„Ja, natürlich. Aber Du bist doch schon seit Jahren tot.“
„Tot für diese Welt, aber nicht für die jenseitige. Denn ich lebe dort weiter.“

„Also stimmt es doch, dass es ein Weiterleben nach dem Tod gibt?"
„Ja, das ist richtig. Und dort in der anderen Welt ist es sehr schön, wenn man hier ordentlich und seriös gelebt hat."
„Ich erinnere mich: Du hast so gelebt. Ich freue mich, dass es Dir im Jenseits gut geht."
„Ja, Wilma, das ist so. Aber deshalb komme ich nicht zu Dir. Vielmehr muss ich Dich ernstlich vor einem schlimmen Unheil warnen. Dein Körper befindet sich in einem ganz bösen Zustand. Du bist nämlich nicht richtig schwanger, sondern Du hast eine Eileiterschwangerschaft. Das kann sehr böse enden."
„Aber ich bin doch bei einem Frauenarzt zur Vorsorge und soll in paar Wochen wieder zu ihm."
„Dann ist es zu spät. Du musst so schnell wie möglich in das nächste Krankenhaus. Dort musst Du operiert werden, denn in Deinem Bauchraum ist sehr viel Blut."
„O Gott, o Gott. Was soll ich denn jetzt machen?"
„Ganz ruhig, Wilma. Leg Deinem Mann einen Zettel hin und verweise ihn auf das nächste Krankenhaus. Ruf dann die Notrufnummer an, damit man Dich in dieses Krankenhaus bringt. Es gibt ja auch nur dieses Krankenhaus. Dein Mann wird es finden und dann nach seinem Dienst dorthin kommen."
„Papa, das ist ja schrecklich."
„Beruhige Dich, Du wirst gerettet werden. Ihr werdet übrigens noch genug Kinder bekommen. Gott behüte Dich."
Bei diesen Worten entfernte sich mein Vater rückwärts von mir, und der Lichtschein nahm ab, bis nur noch die Lampen im Wohnzimmer leuchteten.

Ich war mir nicht im Klaren, was ich denn nun tun solle. Einfach so ins Krankenhaus? Oder sollte ich lieber erst auf meinen Mann warten? Aber, wie mein Vater mir gesagt hatte, konnte es dann schon zu spät sein.

Also machte ich es genau so, wie es mir mein Vater aufgetragen hatte. Ich schrieb meinem Mann den Hinweiszettel, zog mich an, packte ein Köfferchen mit den notwendigen Sachen und rief dann den Notruf. Nur knapp eine Viertelstunde später hörte ich das Martinshorn vor der Haustür, zu der ich mich hinschleppte. Zwei Sanitäter geleiteten mich auf die Trage im Rettungswagen. Dann ging es mit Blaulicht und Martinshorn zum nächsten Krankenhaus. Unterwegs gab ein Sanitäter per Handy durch, dass ich wahrscheinlich ein Notfall mit einer Eileiterschwangerschaft sei.

Als ich nach kurzer Zeit im Krankenhaus eintraf, brachte man mich in den OP. Einige Ärzte warteten schon auf mich, einer von ihnen gab mir eine Infusion, sodass ich nach kurzer Zeit einschlummerte.

Was weiter mit mir geschah, erzählte man mir später:

Nach der Betäubungsinfusion, durch die ich einschlief, ging man umgehend zur Operation über. Tatsächlich war mein Bauchraum derart mit Blut voll, dass ich bei Nichtbehandlung nicht mehr lange hätte leben können. Es ging aber alles sehr gut.

Mein Mann war entsetzt über meinen Zettel und hatte sich sofort nach seinem Eintreffen auf den Weg zum Krankenhaus gemacht. Dort hatte er gewartet, bis man ihn mit entsprechender Zusatzkleidung nach meinem Aufwachen, allerdings nur

ganz kurz zu mir kommen ließ. Noch ganz ermattet grüßte ich ihn und sagte ihm, mir gehe es nun besser.
Dann musste er mich wieder verlassen. Später erfuhr ich, dass ein Arzt ihn über meinen Gesundheitszustand informiert hatte: schwach, aber auf dem Weg der Besserung.
Und tatsächlich blieb ich noch etwas über eine Woche im Krankenhaus, wo ich bestens versorgt wurde.
Kurz vor meiner Entlassung aus dem Krankenhaus sprach auch der Chirurg mit mir und sagte, ich sei buchstäblich im letzten Moment operiert worden. Wäre ich auch nur einen einzigen Tag später gekommen, hätte man mich nicht mehr retten können.
Und dann fragte er noch, wer mich denn im letzten Augenblick zur Operation aufgefordert hätte. Ich antwortete:
„Das war mein Vater."
„Oh, ist Ihr Vater denn ein Kollege, vielleicht auch ein Operateur?"
„Nein, mein Vater war Großhandelskaufmann, kein Arzt."
„Aber dann hat er doch sicher bedeutende Medizinkenntnisse?"
„Nein, auch das nicht. Vielmehr ist er schon seit Jahren tot."
Das Gesicht, das der Chirurg nun zog, ist unbeschreiblich. Er betrachtete mich so, als wäre ich wohl ein Fall für die Psychiatrie, also nicht ganz richtig im Kopf. Das veranlasste mich, ihm wahrheitsgemäß zu antworten:
„Ja wirklich, es stimmt. Mein Vater ist vor Jahren verstorben."
„Wie hat er Ihnen denn dann diese schwerwiegende Mitteilung machen können?"

„Herr Doktor, das weiß ich auch nicht. Aber es ist wirklich so."
„Okay, aber dann kann ich nur vermuten, dass sie das geträumt haben."
„Nein, ich hatte zuerst ein kleines Nickerchen gemacht. Aber dann war es im Wohnzimmer auf einmal überaus hell. Und das kam nicht von der Deckenleuchte. Ich weiß auch nicht, woher dieser ganz besondere Lichtschein kam, aber er war tatsächlich da. Und dadurch wurde ich hellwach. Ich habe also dann nicht mehr geschlafen. Und in dem besonderen Licht näherte sich mir mein Vater. Er war es wirklich!"
„Das ist doch unglaublich."
„Aber es stimmt. Ich war wach und bei vollem Bewusstsein. Was ich da erlebt habe, war kein Traum, es war Wirklichkeit."
„Und Ihr Vater forderte Sie auf, sich sofort ins Krankenhaus bringen zu lassen?"
„Ja, aber zuerst sagte er mir auch noch, ich soll einen Zettel für meinen Mann hinterlegen. Denn mein Mann war ja wegen der Spätschicht nicht da. Und alles das habe ich gemacht."

Der Arzt hatte zuerst ein ungläubiges und vielleicht auch leicht spöttisches Gesicht gezeigt. Jetzt zeigte er sich ernst und nachdenklich. Dann sagte er:
„Wie dem auch immer sei, wichtig ist, dass Ihr Vater Sie gerettet hat. Und das hat er tatsächlich getan, denn sonst würden Sie jetzt nicht mehr leben."

Und mehr zu sich zu selbst gerichtet sagte er dann auch noch: „Es scheint tatsächlich zwischen Himmel und Erde doch Dinge zu geben, die wir uns in unserem Denken kaum richtig vorstellen können.“
Er verabschiedete sich dann sehr nachdenklich von mir.
Vor der Tür wartete auch schon mein Mann, der es kaum erwarten konnte, zu mir zu kommen. Bisher hatten wir uns wegen meines Genesungsablaufs noch nicht richtig unterhalten können. Deshalb brannte er geradezu darauf, Einzelheiten zu meinem Gesundheitszustand zu erhalten. Ich sagte ihm alles, wie und was ich erlebt hatte. Auch den Warnhinweis meines Vaters erwähnte ich dabei.

Mein Mann schaute mich ungläubig an. Das war auch kein Wunder, denn er war technischer Computerspezialist, und seine Welt war voll und ganz realistisch. Alles, was darüber hinausging, erfüllte ihn mit völligem Unverständnis:
„Aber, Wilma, Dein Vater ist doch schon lange tot. Wie soll er Dich denn dann gewarnt haben? Das ist doch ganz unmöglich.“
„Das habe ich mir auch zuerst gesagt. Aber ich habe das alles erlebt.“
„Du meinst, Du hast es geträumt?“
„Nein, auf gar keinen Fall. Ich war beim Gespräch mit meinem Vater hellwach. Deshalb habe ich auch meinem Vater gehorcht, und das ist auch der Grund, weshalb ich jetzt noch lebe.“
„Das ist doch unglaublich. Wie kann denn ein Toter einen

Menschen in Gefahr warnen?“
„Ja, mein Vater hat noch mehr gesagt. Er hat mir auch mitgeteilt, dass wir noch einige gesunde Kinder bekommen werden.“
Der Hinweis machte meinen Mann nachdenklich. Er sagte darauf nur:
„Ja, dann bin ich mal gespannt. Wir werden ja sehen.“

Und so geschah es: Nach einem Jahr war Wilma G. wieder schwanger, und diesmal tatsächlich. Sie brachte einen gesunden Sohn zur Welt, der sich vorzüglich entwickelte. So ging es übrigens auch weiter:
Nach einiger Zeit folgten noch eine Tochter und ein Sohn, beide gesund und putzmunter.

Und Wilmas Mann glaubte nun auch daran, dass es wohl nicht ausgeschlossen ist, dass Verstorbene bei der nötigen Sensibilität von uns Lebenden durchaus Kontakt mit dem Diesseits aufnehmen können.

WARNUNG DES VERSTORBENEN BRUDERS

Irgendwie kamen ihm beide Beine sehr dick vor. Das war Helmut M. bisher nicht gewohnt, dass seine Beine so auseinandergegangen waren. Eigentlich schmerzten sie ihn nicht. Deshalb achtete er vorerst nicht darauf. Als seine Frau beiläufig die dicken Unterschenkel sah, forderte sie ihn auf, zum Hausarzt zu fahren und sie ihm zu zeigen. Also fuhr er an einem der nächsten Vormittage zum Arzt und zeigte sie ihm. Der schaute beide Beine an und fragte ihn:
„Wie haben denn Ihre Beine früher ausgesehen?"
„Ja, ich meine, die waren früher dünner."
„Waren sie denn viel dünner?"
„Also besonders viel schmäler waren sie nicht."
„Na, dann wollen wir mal abwarten, wie sich Ihre Beine weiter entwickeln. Vielleicht werden sie ja auch wieder dünner. Beobachten Sie die Beine, und wenn sie an Dicke nicht abnehmen, dann kommen Sie wieder."
„Aber, Herr Doktor, kann das denn nichts Gefährliches sein? Man weiß doch nie."
„Nun beruhigen Sie sich mal. Wir werden ja sehen."

Damit war Helmut M. entlassen. Seine Frau war natürlich auf das gespannt, was der Arzt gesagt hatte. Ihr Mann berichtete es ihr, doch seiner Frau gefiel das nicht. Doch zunächst verließ sie sich auf das Wort des Hausarztes.
Irgendwann hatten sie den Umfang der Beine nicht mehr im Blick. Und da auch die Frau berufstätig war, hatten beide alle

Hände voll mit anderen Aufgaben zu tun. Hinzu kam die Betreuung ihrer beiden halbwüchsigen Kinder.
Da seine Unterschenkel auch nicht schmerzten, hatte Helmut M. die Sorge um seine dickeren Beine allmählich vergessen. Er fuhr auch nicht mehr zum Hausarzt. Warum sollte er immer wieder den Arzt aufsuchen und dabei Probleme mit seiner beruflichen Arbeit bekommen? Denn sein Chef sah es gar nicht gern, wenn er am Arbeitsplatz fehlte. Er schaute sich zwar von Zeit zu Zeit seine Beine an. Doch hatte er sich irgendwann fast daran gewöhnt, gleichsam in Form einer Art „Betriebsblindheit“. Auch seine Frau hatte bald die Unterschenkel ihres Mannes aus dem Auge verloren.

Da traf es sich, dass Helmut M. an einem Abend, als seine Frau noch in ihrem Dienst war und die Kinder bei ihren Hausaufgaben saßen, im Flur auf die Fotos seiner gesamten Familie schaute. Das tat er von Zeit zu Zeit. Denn er war ein ausgesprochener Familienmensch. So sah er auch auf die Aufnahme seines vor zehn Jahren schon verstorbenen Bruders. Irgendwie schien dieses Foto ihn ganz besonders zu faszinieren. Indem er es betrachtete, fesselte es ihn über alle Maßen. Denn der Bruder schien auf einmal aus dem Bild hervorzutreten. Sein Gesicht wurde gleichsam größer und nahm geradezu eine intensive Lebendigkeit an. Helmut M. war irritiert und schaute zwecks Ablenkung in eine andere Richtung, weil er dachte, er habe eine Halluzination. Als er jedoch dann wieder auf das Foto schaute, wuchs der Verstorbene total aus der Aufnahme heraus. Nun erblickte Helmut M. auch seinen gesamten Körper,

der auf dem Foto nicht zu sehen war.
Es war wirklich so: Sein verstorbener Bruder stand mit einem von Licht umhüllten Körper vor ihm. So hatte er ihn auch noch in Erinnerung.
Helmut M. wurde mit einer Mischung von Schreck und Ratlosigkeit ganz von dieser Erscheinung eingenommen.
Doch noch bevor er reden konnte, begann sein Bruder zu sprechen. Und von diesem Gespräch berichtete später Helmut M.:

„Jetzt bist Du sicher sehr erstaunt, dass Du mich reden hörst."
„Ist das denn die Möglichkeit? Fritz, bist Du das denn tatsächlich?"
„Ja, ich bin es in Wirklichkeit."
„Aber Du bist doch schon seit zehn Jahren tot."
„Nach meinem früheren Leben ja. Aber ich lebe weiter."
„Wo denn?"
„In der jenseitigen Welt."
„Was ist das denn? Ich dachte, wenn einer stirbt, ist er tot und für immer weg."
„Ja, und gerade das ist ein Irrtum. Denn nach dem Tod leben Geist und Seele weiter. Nur der Körper verfällt."
„Das ist ja kaum zu glauben."
„Und doch ist es so. Manch ein Nichtglaubender muss das nach seinem Tod erfahren. Ob nämlich jemand weiterexistieren will oder nicht, lebt er im Jenseits dennoch weiter."
„Wie ist es denn da bei Euch in der jenseitigen Welt?"
„Das hängt ganz von dem ab, der nach dem Tod ins Jenseits kommt."

„Darunter kann ich mir nichts vorstellen."

„Ja, wer im irdischen Leben seriös und solide gelebt, dem höchsten Wesen die Ehre gegeben und seine Mitmenschen ordentlich behandelt hat, erhält Zugang zur Glücks- und Gnadengemeinschaft. Vielleicht sofort oder später."

„Ist das tatsächlich so?"

„Es ist wirklich so."

„Und wie war es denn bei Dir?"

„Du weißt doch, dass ich ein solides Leben gehabt habe. Nach meinem Tod musste ich noch eine Weile warten. Es war aber nicht sehr lange. Dann bekam ich Zugang zur Gemeinschaft der Glücklichen. Zugleich erhielt ich den Auftrag, Menschen in Not so gut wie möglich beizustehen. Natürlich nur, wenn diese Menschen damit einverstanden sind. Deshalb bin ich jetzt auch bei Dir, aber nur, wenn Du Dir helfen lässt."

„Nun, wenn das alles so wichtig ist. Ich wüsste aber nicht, wie Du mir helfen könntest."

„Da bist Du aber ungeheuer im Irrtum. Du brauchst Hilfe, und zwar umgehend."

„Was für eine Hilfe sollte das denn sein?"

„Es handelt sich um gesundheitlichen Rat. Und um Hilfe."

„Aber mir fehlt doch nichts. Mir tut auch nichts weh."

„Das denkst Du aber auch nur. Denn wenn Du noch so weiterlebst, dann bist Du auch bald in der jenseitigen Welt."

„Das wäre nicht gut. Denn ich habe meine Frau und vor allem zwei halbwüchsige Kinder. Und die brauchen meine Hilfe."

„Daher bin ich ja auch hier, um Dich eindringlich zu warnen."

„Wovor willst Du mich denn warnen?"

„Du musst Dich so schnell wie möglich in die Notaufnahme Eures Krankenhauses bringen lassen. Entweder durch Deine Frau, die bald vom Dienst heimkommt, oder über den Notruf durch den Notdienst.“
„Du machst es ja ganz dringend.“
„Das ist es auch. Du hast nämlich in beiden Beinen beinahe im höchsten Grad Thrombosen. Schau Dir doch mal Deine Unterschenkel an.“

Ich tat das dann auch und erschrak: Beide Beine waren fast so dick wie ausgesprochene Ofenrohre.
Mein Bruder bemerkte meinen Schreck und ergänzte:
„Gleich kommt Deine Frau. Lass Dich von ihr sofort in die Notaufnahme des Krankenhauses bringen. Die werden Dir helfen. Und jetzt alles Gute.“

Damit verblasste auch die Gesamterscheinung meines verstorbenen Bruders, sodass ich dann nur noch auf sein Foto schaute.

Kurze Zeit später traf dann auch tatsächlich meine Frau ein. Sie war entsetzt, als ich ihr meine nun noch dickeren Beine zeigte und sie bat, mich so schnell wie möglich in die Notaufnahme unseres städtischen Krankenhauses zu bringen. Nachdem wir unsere beiden Halbwüchsigen informiert und versorgt hatten, brachte mich meine Frau in die Notaufnahme des Krankenhauses.

Dort brauchte ich nur meine Beine zu zeigen, um sofort auf eine fahrbare Liege gelegt und untersucht zu werden. Der untersuchende Arzt blickte mich sehr besorgt an und legte mir umgehend besondere, das Blut verdünnende Infusionen, wie er mir sagte.
Dann ließ er mich durch einen Pfleger auf die Intensivstation bringen, wo man mich ständig unter Beobachtung hielt.
Meine Frau wollte mir dorthin folgen, was die Pfleger wohl auch für kurze Zeit wohl geduldet hätten. Ich dachte aber an unsere Kinder und auch daran, dass meine Frau ja selbst berufstätig war und deshalb auch dringend Schlaf brauchte. Deshalb bat ich sie, doch nach Hause zu fahren, nach den Kindern zu schauen, sich auch selbst zu versorgen und dann auch bald schlafen zu gehen. Mit Tränen in den Augen sagte sie, schlafen könne sie ja doch nicht.
„Aber dann ruhst Du doch wenigstens. Und morgen kannst Du ja nach Möglichkeit wiederkommen. Ich bin hier, wie Du siehst, in guten Händen“, versuchte ich, sie zu beruhigen.
Sehr schweren Herzens verabschiedete sie sich schließlich.

Die Pfleger schauten regelmäßig nach mir und kontrollierten die Infusionen. Gleichzeitig hatten sie mir auch ziemlich enge Stützstrümpfe über beide Beine gezogen und mich an ein stationäres Blutdruck- und Pulsschlagmessgerät angeschlossen. Ich war also offensichtlich tatsächlich hier in diesem Krankenhaus in den besten Händen.

Am nächsten Tag besuchte mich meine Frau mit den beiden Jungen, nachdem sie sich – vorsichtshalber – je einen Kittel übergezogen hatten. So wurde es gewünscht.

Wie sie mir sagte, hatte sich meine Frau einige Tage vom Dienst beurlauben lassen, um immer wieder zur Verfügung zu stehen und mich besuchen zu können.

Sehr besorgt, wie sie war, wollte sie dann wieder die Unterschenkel sehen. Diese waren inzwischen – wohl auch durch die Stützstrümpfe – doch etwas dünner geworden. Darüber war meine Familie besonders glücklich. Ich übrigens auch.

An einem der nächsten Tage besuchte mich der Oberarzt, untersuchte mich wieder gründlich und informierte mich nun eingehend über meinen Gesundheitszustand:
„Ja, Herr M., das sah vor ein paar Tagen bei Ihrer Einlieferung – wie man sich etwas eigenartig auszudrücken pflegt – gar nicht gut aus. Es war äußerst kritisch."
„Tatsächlich?", fragte ich etwas ungläubig.
„Ja, tatsächlich! Das wäre beinahe schiefgegangen."
„Aber wieso denn? Wenige Tage vorher war ich noch beim Hausarzt. Der fragte mich danach, wie die Beine früher ausgesehen hätten. Und da sagte ich ihm nur, so dick wären meine Unterschenkel noch nie gewesen."
„Und was hat er dann unternommen?"
„Heimgeschickt hat er mich. Wir sollten die Beine im Auge behalten, bis zum nächsten Mal."

Der Oberarzt verdrehte die Augen, enthielt sich aber jedes Kommentars zu meinem Hausarzt. Stattdessen sagte er:
„Herr M., nun sind Sie ja bei uns. Wir haben Ihre Thrombosen inzwischen im Griff. Gott sei Dank. Aber wir müssen Sie noch weiter unter Kontrolle halten und intensiv behandeln."
Das brachte mich auf den Gedanken, nach der Gefährlichkeit dieser geschwollenen Beine zu fragen:
„Wie kommt es denn, Herr Doktor, dass meine Unterschenkel so dick sind?"
„Der Grund ist der Rückstau Ihres Blutes auf dem ziemlich weiten Rückweg zum Herzen, also dem Hauptkreislauforgan. Sie müssen sich ja vorstellen, dass der Weg des Blutes zurück zum Kreislauforgan bei entsprechend veranlagten oder besonders belasteten Personen sehr beschwerlich ist und nicht problemlos funktioniert. Dieses Blut auf dem Rückweg zum Herzen ist ziemlich dickflüssig. Es muss deshalb dünnflüssiger werden. Das geschieht durch die Infusionen. Zusätzlich wird der Blutfluss zurück zum Hauptkreislauforgan durch die Spezialstrümpfe unterstützt. Gleichzeitig müssen beide Beine hochgelegt werden. Und das geschieht ja durch Ihre Lage im Bett."
„Und wie ist es später, wenn ich nicht mehr im Bett liege? Ich muss ja irgendwann auch wieder arbeiten gehen."
„Dann sollten Sie – wenigstens in den Betriebspausen – die Beine hochlagern und vor allem auch nach der Arbeit zu Hause."
„Und wie sieht es nach meinem Krankenhausaufenthalt mit den Infusionen aus? Ich kann doch unmöglich immer mit diesen Schläuchen in meinen Venen herumlaufen."

„Dazu bekommen Sie dann als Ersatz ein Blutverdünnungsmittel. Allerdings müssen Sie möglichst jede Woche vom Hausarzt überprüfen lassen, wie der Verdünnungszustand Ihres Blutes ist. Er wird Ihnen dann jeweils die Dosierung für diesen Blutverdünner vorgeben."
„Sie sagen: vom Hausarzt. Aber dieser Hausarzt hat doch meinen Krankheitszustand nicht richtig erkannt."
„Nun, Herr M., zu diesem Kollegen möchte ich möglichst nichts sagen. Aber es gibt ja auch noch andere Hausärzte."

Damit verabschiedete sich der Oberarzt für heute von mir. Und ich musste lange über das nachdenken, was mir dieser zweifellos ausgezeichnete Arzt gesagt hatte. Er war ja über meinen Zustand bei meiner Notaufnahme besorgt und fast entsetzt gewesen und hatte auch von einer großen Gefahr gesprochen. Warum und wieso eigentlich?
Dazu wollte ich ihn bei der nächsten Visite befragen.
Und das geschah am nächsten Tag:

„Herr Doktor, Sie waren bei meiner Aufnahme und der Erstversorgung sehr besorgt gewesen und hatten von einer großen Gefahr für mein Leben gesprochen. Warum denn eigentlich?"
Jetzt schaute er mich wieder besorgt, aber auch hoffnungsvoll an, nachdem er zuvor meine Beine einer eingehenden und – wie es schien – zufriedenstellenden Untersuchung unterzogen hatte. Dann ging er auf meine Frage ein:
„Sehen Sie, Herr M., jetzt sind Sie Gott sei Dank auf dem Weg der Besserung. Aber es wird noch eine Weile dauern, bis ich

Sie guten Gewissens entlassen kann. Doch nun zu Ihrer Frage: Es war mit Ihrem Gesundheitszustand unmittelbar vor zwölf. Ihr Blut war viel zu dick und konnte auch nicht mehr problemlos zurück zum Herzen fließen. In dieser Situation und bei diesem Blutzustand können sich in dem ziemlich dicken Blut Gerinnsel bilden. Das geschieht leider häufig so."

„Und was geschieht mit diesen Gerinnseln?"

„Sie können in wichtige Körperorgane gelangen und dort die Blutbahnen gleichsam verstopfen. Dadurch kann es zum Absterben von wichtigen Organteilen im Herzen oder auch der Lunge kommen."

„Und was passiert dann?"

„Ja, dann kann es im Herzen zu einem Infarkt oder in der Lunge zu einer Embolie kommen. Meist endet das dann tödlich."

„O Gott, o Gott. Das ist ja furchtbar. Da habe ich ja ein sagenhaftes Glück gehabt, dass ich im letzten Moment hierhergekommen bin."

„Wie kam es denn, dass Sie in diesem allerletzten Augenblick in unsere Notaufnahme gelangt sind?"

„Durch eine Warnung meines Bruders."

„Ist das denn ein Arztkollege?"

„Nein, er ist auch schon zehn Jahre tot."

Zunächst schien der Oberarzt auf diesen Hinweis nicht gleich zu reagieren, wie jemand, der nicht ganz bei der Sache ist. Aber dann dürfte bei ihm der „Groschen" gleichsam gerutscht sein: Denn er blickte mich an, als hätte ich nicht „alle Tassen im Schrank".

Er schluckte und fragte mich dann wie geistesabwesend: „Herr M., sind Sie sich bei diesem Eindruck ganz sicher? Das ist doch kaum zu glauben, was Sie da gesagt haben."

„Es stimmt aber. Ich kann mir ja auch nicht vorstellen, wieso mein Bruder wusste, wie es an dem Tag um mich stand. Aber ich sage Ihnen mit aller Bestimmtheit, dass mein verstorbener Bruder mich an dem Abend eindringlich gewarnt und dazu gebracht hat, Ihre Notaufnahme aufzusuchen. Sonst würde ich jetzt ja nicht mehr leben. So haben Sie es auch schon angedeutet."

„Das ist tatsächlich so, Herr M. Aber dass ein Verstorbener ... Das ist unglaublich. So etwas habe ich noch nie gehört."

„Aber, Herr Doktor, wie dem auch immer sein mag. Tatsache ist doch, dass ich dadurch gerettet wurde."

„Ja, sicher. Doch, was soll ich dazu sagen? Eine Frage: Haben Sie das geträumt oder ..."

„Nein!", unterbrach ich den Arzt und ergänzte: „Ich war hellwach."

„Das kann man ja kaum glauben. Aber vielleicht war es eine Halluzination, also eine Sinnestäuschung."

„Das war es mit Sicherheit auch nicht, denn ich habe meinen Bruder so vor mir gesehen und mit ihm gesprochen wie ich auch jetzt Sie sehe und mit Ihnen rede. Es war weder ein Traum noch eine Sinnestäuschung."

„Können Sie sich dieses Phänomen denn irgendwie erklären?"

„Nein, Herr Doktor, das kann ich nicht. Aber ich meine, der Erfolg, das Ergebnis ist entscheidend."

Der Oberarzt sah mich ganz entgeistert an. Doch dann sagte er:
„Mit dem Ergebnis haben Sie recht. Aber dass ein Toter ...“
Damit beendete er die Visite und ging kopfschüttelnd und fast ganz verstört nach draußen.
Ich selbst machte mit der Heilung beste Fortschritte und konnte dann nach anderthalb Wochen entlassen werden.
Der inzwischen gleichsam wieder „im Gleichgewicht“ befindliche Oberarzt hatte mich vorerst mit einem Blutverdünnungsmittel in Form von Tabletten ausgestattet und mir ein Rezept ausgestellt, sodass ich auch weiterhin dieses Medikament erhalten konnte.
Gleichzeitig hatte er mir eingeschärft, die Stützstrümpfe weiterhin zu tragen und mir vom Hausarzt – möglicherweise einem neuen – weitere Spezialstrümpfe verschreiben zu lassen. Weiterhin solle ich möglichst oft und lange beide Beine hochlagern. Außerdem müsse ich möglichst jede Woche den Verdünnungszustand meines Blutes durch den Hausarzt kontrollieren und mir von ihm jeweils eine neue Tablettendosierung verordnen lassen.
Diesen Aufforderungen kam ich nach, und ein neuer und offensichtlich auch aufmerksamerer Hausarzt begleitete meinen Gesundheitszustand, mit dem er dann sehr zufrieden war.
Und dass ich durch die Warnung meines verstorbenen Bruders überlebt habe, das kann mir niemand ausreden und davon bin felsenfest überzeugt!

Helmut M. wurde wieder ganz gesund, beachtete die medizinisch vorgegebenen Hinweise ganz genau und lebte fortan ohne gesundheitliche Probleme weiter.

Auch dass ihm sein längst verstorbener Bruder die richtige Warnung gerade noch rechtzeitig gegeben und ihn damit vor dem frühen Tod bewahrt hatte, erzählte er bei jeder Gelegenheit, stieß dabei zuweilen aber auf Kopfschütteln und ablehnende Ansichten.

Dass Kritik und Unverständnis bei dem Phänomen

Kontakt von Toten mit Lebenden

allgemein üblich oder zumindest denkbar sind oder sein können, ergibt sich häufig schon aus der Erfahrung, dass so etwas höchst selten oder allgemein unbekannt ist. Deshalb empfiehlt sich eine sachliche und exakte Überprüfung und Analyse dieses Ereignisses:

1) Der Gesundheitszustand von Helmut M. war tatsächlich höchst gefährlich, ja sogar lebensgefährlich.
2) Niemand (sonst) hatte ihn gewarnt oder warnen können.
3) Die Warnung (vom toten Bruder) kam also in Wirklichkeit im allerletzten Augenblick.
4) Das wurde auch vom Oberarzt eindeutig bestätigt.
5) Der Warnhinweis erfolgte weder im Traum noch in einer Halluzination.
6) Eine irgendwie unterstellte Sinnestäuschung schied schon

deshalb aus, weil Helmut M. bei klarem Verstand war und auch ganz normal und hellwach handelte.
7) Es ergibt sich somit diese Schlussfolgerung:

Die Warnung durch den toten Bruder ist zwar ein nicht leicht zu verstehendes Phänomen.
Die realistische Analyse und das Ineinanderwirken von Warnung und Rettung zeigen aber, dass dieser wie auch immer geartete Kontakt zwischen einem Toten und einem Lebenden im Diesseits eine rettende Wirkung entfaltete.

LEBENSÜBERDRUSS EINER LEHRERIN

Ihre Eltern waren ein Lehrerehepaar – harmonisch, menschlich, mitfühlend und ausgeglichen. Krach und Streit hatten sie nur sehr selten und wenn, dann wurden die Meinungsunterschiede sehr bald in einer kurzen Diskussion beigelegt und mögliche Auseinandersetzungen einvernehmlich beendet.

In dieser recht heilen Welt wuchs Steffi W. – als Einzelkind – auf. Sie kannte es nicht anders, und erst als Erwachsene wusste sie ihre glückliche Kindheit und Jugend so richtig zu schätzen. So wollte auch sie einmal eine eventuelle Ehe führen. Ihre Eltern waren für sie leuchtende Vorbilder.

Ebenso wie ihre Eltern wollte auch sie einmal Lehrkraft werden. Nach dem Abitur meldete sie sich folglich umgehend an der Universität in einer nicht allzu weit gelegenen Großstadt an. Sie wollte wie ihr Vater Lehrkraft an einem Gymnasium werden – allerdings anders als ihr Vater – mit den Fächern Deutsch und Englisch. Eine Weile hatte sie auch überlegt, vielleicht wie ihre Mutter Grundschullehrerin zu werden. Doch größere Schüler und Schülerinnen erweckten eher ihr Interesse. Da sie außerordentlich sprachbegabt war, fiel ihr das Studium sehr leicht. Den doppelten Bachelor-Abschluss machte sie so bald wie möglich. Dann konzentrierte sie sich auf das Masterstudium. Auch den wegen des Fachs Englisch erforderlichen Auslandsaufenthalt absolvierte sie und schloss das Masterstudium frühzeitig ab.

Alles ging ihr geradezu leicht von der Hand.
Dann schloss sich das Referendariat – die zweite Phase der Lehrerausbildung – an. Während dieser Zeit lernte sie einen liebenswürdigen und überaus klugen Kollegen kennen – und verliebte sich in ihn und er sich in sie. Der einzige Haken war, dass er sehr viel rauchte. Das gefiel ihr nun gar nicht, denn ihre Eltern waren Nichtraucher, und sie rauchte ebenfalls nicht. Sie versuchte, ihm dieses „Übel" abzugewöhnen. Aber das war gar nicht so einfach. Andererseits wollte sie ihn aber auch nicht verlieren, denn dazu liebte sie ihn mittlerweile zu sehr.

Nach Abschluss des Referendariats bewarben sich beide an Gymnasien in der Nähe des Wohnsitzes von Steffis Eltern. Hier hatten sie einigermaßen Glück: Steffi W. konnte Anfang des kommenden Schuljahres am Gymnasium ihres Vaters als Lehrerin beginnen, ihr Freund an einer vergleichbaren Schule in einer Nachbarstadt.
So war ihr Glück übergroß. Und ihre Freude und Begeisterung ebenso. Darum beschlossen sie, so bald wie möglich zu heiraten.
Ihre Eltern hatten nichts dagegen. Nur störte sie der Raucherdrang des künftigen Schwiegersohns. Dieser – Heinz R. – machte nach langem und gutem Zureden dann schließlich einen Raucherentzug, um sich diese Leidenschaft abzugewöhnen. Das ging eine kurze Weile gut, aber dann hielt er nicht durch und fing wieder an zu qualmen.
Steffi W. liebte ihn trotz dieses Lasters und konnte nur erreichen, dass er immer nur draußen vor der Tür rauchte.

Sie heirateten dann im Frühsommer des Jahres darauf und waren beide überaus glücklich. Ihr gemeinsames Glück konnte also nichts mehr trüben.

So dachten sie und suchten sich eine angemessene Wohnung. Jetzt fehlte nur noch die Krönung ihrer Ehe: ein Kind. Doch dieser Wunsch blieb ihnen versagt. Aber auch so waren sie glücklich.
Denn sie hatten ja sich beide, sie hatten jeweils eine solide Beschäftigung und gingen in ihrem Berufsleben richtig auf.

Steffi W. – wie sie auch nach der Hochzeit hieß – schmerzte zwar, dass ihr Mann immer noch ein starker Raucher war. Doch da er diesem Laster immer an der frischen Luft frönte, verlor sie allmählich ihre kritische Einstellung gegenüber diesem Übel.

Steffis Mann erwies sich als ausgesprochener „Workaholic", denn er hatte sich vorgenommen, an seinem Gymnasium möglichst bald Karriere zu machen. Deshalb schuftete er wie ein Besessener, und die Schulleitung sah dies mit äußerstem Wohlwollen. Je mehr er arbeitete, umso mehr bürdete man ihm auf: Wer nach oben kommen will, der muss eben Kärrnerarbeit leisten, je mehr, umso besser.
Dass Heinz R. damit seine Gesundheit enorm überstrapazierte, bemerkte er zunächst nicht. Auch als seine Frau ihn zu bremsen versuchte, hörte er mit seinem Übereifer nicht auf:
„Heinz, ich flehe Dich an, Du übernimmst Dich total in Dei-

nem Stress. Das ist nicht gut für Dich."
„Steffi, ich möchte kein simpler Lehrer bleiben, sondern nach oben kommen. Das geht aber nur mit Stress."
„Dagegen habe ich ja auch nichts. Aber Du übertreibst es maßlos."
„Liebe Steffi, Du meinst es ja gut. Doch wer nach oben kommen möchte, der muss Leistung erbringen, und zwar sehr viel Leistung. Daran führt kein Weg vorbei."
Steffi W. seufzte und wollte ihren geliebten Heinz nicht weiter aufregen.
Also überschlug er sich gleichsam mit lauter neuer, übermäßiger Arbeit.
Je mehr er aber schuftete, desto mehr wuchs auch sein Drang zu rauchen. Beides aber tat seiner Gesundheit nicht gut.

Vor übermäßiger Arbeitsbelastung und Qualmerei wusste er manchmal selbst nicht mehr, wer er eigentlich noch war und dass er ja verheiratet war und damit auch Verantwortung für seine Frau hatte. Zu allem Überfluss ging er auch auf Parteiveranstaltungen der Regierungspartei und trat schließlich auch in diese Partei ein.
Wieder versuchte seine Frau, ihn zu bremsen:
„Heinz, merkst Du denn nicht, dass Du Dich gesundheitlich total ruinierst. Was willst Du denn jetzt auch noch in der Partei?"
„Steffi, bei den Regierungsgrößen bekannt zu sein, ist kein Fehler. Schließlich muss ich als Beamter ja auch in gewisser Weise die Regierung unterstützen. Und das tue ich doch als

jemand, der sich politisch interessiert und informiert."
„Das erfährst Du alles auch durch die Zeitung."
„Mag sein. Auf Parteiveranstaltungen erfahre ich es aber aus erster Hand. Und im Übrigen lerne ich bedeutende Politiker kennen. Vor allem aber lernen diese Leute auch mich kennen. Das aber kann für eine Karriere nur nützlich sein."
„Heinz, Du rackerst Dich in der Schule ab. Das bekommt auch die Schulleitung mit. Und das muss doch für Deine Karriere genügen."
„Das genügt eben nicht. Siehst Du, ich bin jetzt bald 31 Jahre alt. Dann muss bald der Aufstieg in die unterste Stufe der Schulleitung erreicht werden."
„Du meinst so etwas wie Oberstudienrat?"
„Nein, mehr. Ich möchte bald Studiendirektor werden."
Seine Frau seufzte und schüttelte nur noch den Kopf.
„Das kannst Du doch auch ohne Politik und ohne Partei."
„Liebe Steffi. Soll ich etwa warten, bis ich alt und grau bin? In jungen Jahren muss man Karriere machen. Und deshalb muss man sich abstrampeln. Selbst wenn mich die Direktion irgendwann zur Beförderung vorschlägt, kommt aber das letzte Wort von der Regierung. Und wenn deren Leute einen kennen, dann geht eigentlich alles wie geschmiert."
„Meinetwegen", erwiderte seine Frau kleinlaut. „Aber dann solltest Du wenigstens das Rauchen einstellen oder wenigstens etwas zurückfahren."
„Lass mal, Steffi. Der Schulstress treibt mich zum Qualm. Und bei Parteiveranstaltungen wird auch geraucht, meist zwar draußen, aber im Kreis von Parteifreunden. Was will ich denn ma-

chen. Das Eine will man und das Andere muss man. So ist das eben, wenn man weiterkommen möchte."

Also ging es mit Steffis Mann so weiter: Schule, Partei, Zigaretten – Stress, Politik, Rauch und kein Ende.
Einige Wochen später klappte Heinz R. mitten im Dienst zusammen. Ihm wurde es – wie er später mitteilte – plötzlich schwarz vor den Augen, und er konnte nichts mehr klar erkennen. Er stürzte zu Boden. Zwei Kollegen, die bei ihm waren, alarmierten über die Notrufnummer den Notarzt und einen Krankenwagen. Die ebenfalls informierte Schulleitung zeigte sich bestürzt. Dass Heinz R. sich im Dienst total verausgabt hatte, kam der Direktion nicht in den Sinn: Er war doch noch so jung, und dann schon derart wenig widerstandsfähig. Das hätte man doch nicht gedacht. Und so einer wollte Karriere machen. Merkwürdig, höchst merkwürdig.

Als Steffi, seine Frau, von diesem bestürzenden Geschehnis Kenntnis erhielt, eilte sie so schnell wie irgend möglich ans Krankenbett ihres Mannes, den man auf die Intensivstation verlegt hatte. Sie musste lange warten, bis ihr Mann endlich einigermaßen ansprechbar war.
„Heinz, wie kam das denn, dass Du hingefallen bist?"
„Ich weiß es auch nicht so richtig, liebe Steffi. Auf einmal wurde es mir irgendwie schwarz vor den Augen, und ich bin gleichsam auf den Boden hingeglitten oder -gefallen. Mehr weiß ich auch nicht. Erst hier im Bett bin ich wieder aufgewacht."

Steffi W. hatte eigentlich eine ganze Menge von Vorhaltungen im Sinn, hielt sie aber zunächst zurück, um ihren Mann nicht noch weiter aufzuregen. Stattdessen redete sie beruhigend auf ihren Mann ein und liebkoste sein Gesicht und seine Hände. Das schien ihm gutzutun. Allein schon ihre Anwesenheit schien ihn zu erfreuen. Nun nahm sein vorher so fahles und blasses Gesicht wieder ein wenig Farbe an.
Am meisten war Steffi darüber froh, dass ihr Mann zunächst hier in sicheren Händen war und weiterhin *nicht* rauchen durfte.
Heimlich war sie aber überaus besorgt, wie es denn nun mit ihrem Mann weitergehen würde. Wäre er denn nun von diesem Stressirrsinn geheilt und würde sich auch politisch zurückhalten?
Das alles wollte sie ihm sagen, sobald sein Zustand sich stabilisiert hatte und er für ernsthafte Mahnungen erreichbar sein würde.
Jedenfalls hatte ihr Mann nun den sprichwörtlichen Schuss vor den Bug bekommen, und jetzt musste sie auf ihn weiter einwirken, damit er seinen Arbeits- und Lebensstil änderte.
An einem der folgenden Tage zeigte sich ihr Mann bei ihrem Besuch ganz besonders in Hochform. Denn sein Direktor hatte ihn besucht und ihm alles Gute zur baldigen Genesung gewünscht. Hier hakte Steffi, seine Frau, ein und wollte erfahren, wie denn dieser Besuch abgelaufen sei.
„Mein Chef war hier. Er hat mir seine Bestürzung und die Betroffenheit des Kollegiums zum Ausdruck gebracht und mir baldige Genesung und Rückkehr in den Dienst gewünscht."

„Wie lange war er denn hier?"
„Ja, so fünf bis zehn Minuten werden es schon gewesen sein."
„Aha. Fünf bis zehn Minuten, mehr nicht."
„Ja, er ist ein viel beschäftigter Chef."
„Für den Du unheimlich viel geschuftet hast. Und er hatte nur ein paar Minuten Zeit. Mich wundert es sowieso, dass er bei seiner äußerst starken „Belastung" überhaupt nach Dir gesehen hat, wahrscheinlich auch nur, weil er Dich als nützlichen Narren wieder dringend braucht. – Hat er nicht gefragt, wann Du wiederkommst?"
„Nein, das hat er nicht. Dazu hatten wir ja auch kaum Zeit."
„Das kann ich mir durchaus vorstellen."
„Aber, Steffi, das klingt so ironisch."
„Das ist es auch. – Heinz, Du musst jetzt auf Dich achten und sonst auf nichts. Was nützt Dir die Schule und die ganze Direktion, wenn Du am Boden liegst? Deine Gesundheit und Dein Leben sind wichtiger als Karriere und jede Art von Höhenflug!"
„Steffi, Du hast ja recht. Übrigens, der Oberarzt hat sich über den Fortschritt meiner Genesung sehr zufrieden gezeigt."
„Wie lange sollst Du denn noch hierbleiben?"
„Einige Tage sollen es schon noch sein."
„Ja, und dann brauchst Du doch auch noch eine Reha, um Dich richtig auszukurieren."
„Aber, Steffi, das muss doch nicht sein. Denn ich möchte nicht so lange von der Schule wegbleiben. Sonst komme ich zu sehr aus dem Arbeitsrhythmus heraus."
„Heinz, lieber Heinz, Du bist unverbesserlich. Ich möchte, dass

Du an einer Reha-Maßnahme teilnimmst. Sonst hast Du wieder einen Rückfall und wer weiß, noch viel Schlimmeres."

So kam es schließlich, wie Steffi W. es gleichsam vorhergesehen hatte:
Kaum aus dem Krankenhaus entlassen und ohne Erholungsmaßnahme kehrte Heinz R. ohne Ruhepause an sein Gymnasium zurück, wo er auch gleich wieder voll eingespannt wurde und sich einspannen ließ.
Auch Parteitermine warteten wieder auf ihn. Als „Workaholic" konnte er nirgends *Nein* sagen. Und der Stress verführte ihn ebenso wieder zum gefährlichen „Glimmstängel".
Seine Frau redete auf ihn ein, doch all ihr Betteln half nichts. Heinz R. war auf ganzer Linie wieder so wie früher: Arbeit – Stress – Politik – Karrierestreben – Rauchen.

Das alles aber sollte sich bald furchtbar rächen:
Nur einen Monat nach dem ersten Kollaps kam es zum erneuten Zusammenbruch:
Wieder wurden Notarzt und Krankenwagen gerufen. Es sah so ähnlich aus wie beim letzten Mal. Doch diesmal kam es viel ernster:
Die Ärzte leisteten Unmenschliches, konnten das Leben von Heinz R. aber nicht mehr retten. Einen Tag später starb er an einem dreifachen Herzinfarkt.

Steffi W., Heinz R.s Frau, war wie versteinert, als sie vom Tod ihres Mannes hörte. Sie brachte kaum ein Wort heraus.

Fast wie in Trance bestellte sie einen Bestatter, dem sie alle mit Trauer, Todesanzeigen und Bestattung verbundenen Aufgaben und Vorgänge übertrug. Als die Kollegen ihres Mannes – einschließlich der Schulleitung – ihr kondolierten, nahm sie all das fast wortlos hin. Es steckte ihr geradezu wie ein Kloß im Hals, vor allem auch der Direktion ihre Meinung zu deren Mangel an Fürsorgepflicht zum Ausdruck zu bringen. Doch sie unterließ es. All das, was sie erlebt hatte, drückte ihr gleichsam die Kehle zu.
Ein Glück nur, dass ihr die Eltern tatkräftig beistanden. Trotzdem wollten sich bei ihr kaum Trost und Hoffnung auf eine neue Zukunft einstellen. So sehr war sie von ihrem schlimmen Schicksal getroffen.

Als der Schuldirektor, ein Verbandsvertreter und der Parteivorsitzende am offenen Grab salbungsvolle Reden hielten, hätte sie diese am liebsten weggejagt. Jetzt merkte sie es am eigenen Leibe: Kaum je wird im Leben so viel geheuchelt wie beim Tod eines Menschen. Da half es auch kaum, dass das Grab ihres Mannes in ungeheurer Weise übersät war von Kränzen und einem Blumenmeer.

In ihrer Not nahm sie das Angebot ihrer Eltern an, für eine Übergangszeit in der elterlichen Wohnung zu leben. In der eigenen Wohnung wollte sie vorerst nicht bleiben. Zu sehr bedrängten sie die Erinnerungen an die gemeinsame Zeit mit ihrem Mann, der ihr nun überall fehlte.

Ihrer Lehrtätigkeit an einem anderen Gymnasium kam sie auch weiterhin gewissenhaft nach. Ja, diese Arbeit lenkte sie von ihrem Kummer und Schmerz ab, vor allem auch, weil sie dort einen Schulleiter hatte, der, nachdem er von ihrem schlimmen Schicksal Kenntnis erhalten hatte, sich in väterlicher Fürsorge um Steffi W. kümmerte.

Ein knappes Vierteljahr später hatte sie sich psychisch so stabilisiert, dass sie nun wieder in ihre eigene Wohnung zog, ihre Eltern aber regelmäßig besuchte und sich von ihnen auch weiterhin aufbauen ließ.
Ein Jahr nach Heinz R.s Tod war sie innerlich nun so sehr gestärkt, dass sie auch wieder hoffnungsvoll in die Zukunft blickte, auch wenn sie ihren geliebten Mann nicht vergessen konnte.

Irgendwann erkannte sie dann auch, dass ein etwa gleichaltriger Kollege offenbar ein Auge auf sie geworfen hatte. Er – Hermann D. mit Namen – war klug, ansehnlich und hatte sehr gute Umgangsformen.
Als er sie zum Besuch in ein Café einlud, um sich bei einem Kännchen Kaffee einmal näher kennenzulernen, sagte sie – ganz von ihm eingenommen – sehr erfreut zu. Sie tauschten einander ihren jeweiligen Lebenslauf aus, und da erkannte Steffi W., dass sie viele Gemeinsamkeiten hatten: Auch sein Vater war Lehrer, die Mutter – eine ehemalige Angestellte in der Elektroindustrie – war nun Hausfrau und regelte alles in seiner Familie. Außerdem war auch er wie sie ein Einzelkind.
Sie war zum ersten Mal nach dem Tod ihres Mannes wieder

glücklich über diese wohl beginnende Freundschaft und schlug ihm gegen Abend vor, nun könnte man ja auch ein Restaurant aufsuchen und dort gemeinsam zu Abend essen. Zunächst schien er daran interessiert zu sein, doch schon bald schaute er immer nervöser auf seine Uhr, bis er dann schließlich äußerte, nun müsse er nach Hause fahren.

„Aber warum denn, Hermann? Es ist doch gerade erst früh am Abend. Und abends soll man ja auch – zumindest eine Kleinigkeit essen."

„Gewiss, Steffi, aber ich muss doch noch die Lehrbücher durchgehen. Morgen habe ich einen ziemlich langen Tag in der Schule."

„Das sehe ich ein. Aber irgendwo musst Du doch essen. Oder willst Du etwa hungrig ins Bett gehen?"

„Natürlich nicht, Steffi. Aber dafür sorgt doch schon meine Mami."

Bei dieser Mitteilung durchfuhr es Steffi W. wie ein Blitz aus heiterem Himmel: *Mami sorgt und scheint alles zu regeln.* Und das sagte ihr ein ausgewachsener Kollege von noch nicht einmal dreißig Jahren.

Als ihr Kollege ihren darauf nicht ganz begeisterten Gesichtsausdruck sah, schlug er unverzüglich vor, man könne sich ja am nächsten Tag wieder auf ein Tässchen oder Kännchen Kaffee verabreden.

Natürlich nahm sie auch dieses Angebot wieder an. Als Hermann D. gegen Abend aber erneut nervös wurde und heimwärts strebte, machte sie den Vorschlag, man könne sich ja auch bei ihr in ihrer Wohnung einmal treffen und dort viel-

leicht zu Abend essen. Sie habe eine sehr gemütliche Wohnung und sei auch in der Lage, für eine ordentliche Mahlzeit am Abend zu sorgen. Er könne ja dann nach Hause fahren.
Jetzt wurde er irgendwie ratlos: Einerseits schien ihn dieses Angebot zu reizen, andererseits schien er aber auch Hemmungen zu haben, dieses Angebot anzunehmen.
„Nun ja", baute sie ihm eine Brücke. „Du kannst es Dir ja noch in Ruhe überlegen. Ich zwinge Dich zu nichts."

An einem der nächsten Tage wartete er auf sie in der Pause und lud sie für den kommenden Sonntag zu sich – oder besser zu seinen Eltern – nach Hause ein.
Gern ging Steffi W. auf diesen Vorschlag ein und besuchte Hermann und seine Eltern zum Mittagessen.
Dort aber erwartete sie eine äußerst merkwürdige Überraschung: Hermann und seine Eltern waren von ihrem Besuch ganz angetan. Und das Mittagessen war ebenfalls vorzüglich. Dabei aber entwickelte sich eine ziemlich unangenehme Stimmung. Denn vor allem Hermanns Mutter fragte Steffi nach allen Regeln der Kunst aus, wogegen ein Geheimdienst direkt ein Waisenknabe sein musste. Frau D. wollte von Steffi und ihrem Lebensweg restlos alles wissen. Diese „Befragung" war eigentlich kein normales Gespräch, sondern geradezu ein Verhör.
Der Vater, der sich hin und wieder einmal einschalten wollte, wurde wie ein Azubi unterbrochen und abgewimmelt.
Als dann Hermanns Mutter schließlich auch noch ihren Sohn aufforderte, seine Serviette richtig zu falten und ihn dabei auch

noch *„Hermchen"* nannte, hatte Steffi die Nase voll und verabschiedete sich höflich, aber ziemlich enttäuscht.

Einen Tag später suchte ihr Kollege Hermann das Gespräch mit ihr:

„Steffi, gestern hast Du Dich auf einmal ganz überraschend verabschiedet. Wir waren ganz ratlos. Hat es Dir bei uns nicht geschmeckt."

„Doch, das Essen war sehr gut. Aber sonst hat mir manches nicht gefallen."

„Was denn?"

„Hermann, Du bist doch fast dreißig Jahre alt, wirst aber zu Hause fast so behandelt, als wärest Du noch ein Kind der Grundschule."

„Ja, Mami hat mich so erzogen, und da kann ich doch nichts dagegen tun."

„Aber Dein Vater scheint ja ganz anders eingestellt zu sein. Warum kann er denn nicht mal für eine klare Linie sorgen?"

„Mein Papa versucht das manchmal, aber meine Mami regelt doch alles. Und das wiederum gefällt auch meinem Papa."

Steffi W. wollte fast verzweifeln. Daher versuchte sie einen anderen Weg:

„Schau mal, Hermann, Du willst doch irgendwann einmal einen eigenen Hausstand gründen. Wie soll das denn dann geschehen?"

„Daran habe ich noch nicht gedacht. Ich fühle mich zu Hause nämlich pudelwohl."

„Und daran willst Du nichts ändern?"

„Warum denn?“
„Was soll denn eigentlich geschehen, wenn Du irgendwann einmal heiraten solltest?“
„Das ist doch kein Problem. Das Haus meiner Eltern ist riesengroß. Da kann ich ja mit meiner Frau einziehen. Und das kostet noch nicht einmal Miete. Ich hatte mir gedacht, wir könnten ja irgendwann heiraten. Und dann hätten wir zu Hause eine schöne Wohnung.“
Steffi W. kostete es Überwindung, sich mit diesem Kollegen weiter zu unterhalten. Doch unternahm sie einen erneuten Versuch:
„Hermann, ich habe selbst auch eine Wohnung. Was hältst Du davon, bei mir in diese Wohnung einzuziehen und bei mir zu wohnen?“
„Steffi, das ist sehr lieb von Dir, aber das kann ich meinen Eltern und vor allem Mami nicht antun. Schließlich bin ich ja auch ein Einzelkind und meiner Eltern Ein und Alles.“
„Das bin ich auch, aber trotzdem habe ich eine eigene Wohnung. Ich halte regelmäßig zu meinen Eltern einen sehr guten Kontakt. Und das könntest Du doch auch. Kein Mensch verlangt, dass Du Dich von Deinen Eltern trennst. Aber streckenweise lösen musst Du Dich von ihnen. Das geschieht zu Deinem eigenen Besten.“
„Steffi, ich glaube, das kann ich nicht.“
„Dann denk mal darüber nach.“

Nach ein paar Tagen meldete sich ihr Kollege wieder bei ihr, um ihr mitzuteilen, wie es mit ihnen beiden weitergehen solle:

„Steffi, ich habe über Deine Einstellung und Vorschläge nachgedacht."
„Und?"
„Das kann ich nicht. Ich habe meinen Eltern gesagt, ich könne ja auch zu Dir ziehen. Da hat es ein Riesendonnerwetter gegeben. Papa hatte zwar Verständnis dafür, aber meine Mami war strikt dagegen. Und ihr kann ich doch so etwas nicht antun. Sie ist doch meine Mama, und ich bin ihr Kind."
„Gut, dann kann aus uns beiden wohl kaum etwas werden."
Traurig wandte Steffi W. sich von ihm ab. Denn sie wollte einen Mann haben, so wie ihr verstorbener Gatte es gewesen war. Zwar hatte sie dessen Leistungswut gestört, aber er war wenigstens ein Mann gewesen, und ein herzensguter dazu. Aber Hermann D. würde wohl nie ein gestandener Ehemann werden. Schade!
Mit Tränen in den Augen überlegte sie noch einmal:
Was würde ein gemeinsames Leben unter der Fuchtel von Hermanns Mutter wohl werden? Nichts Gutes, so eine Ehe würde auf Dauer wohl nicht bestehen bleiben. Dann lieber ein Ende mit Schrecken als ein Schrecken ohne Ende!

Hermann D. suchte zwar in den nächsten Tagen wieder den Kontakt zu ihr. Doch sie blockte in gut überlegter Weitsicht ab. Sie wünschte ihm alles Gute. Und im Übrigen wollten sie beide gute Kollegen bleiben. Und so ging es auch weiter.

Monate später suchte Steffi W. im Internet in einer Art „Partnerbörse" nach einer neuen Bekanntschaft. Und die schien sie

irgendwann auch gefunden zu haben. Da sah sie das Foto eines gut aussehenden jungen Mannes. Auch sein Bildungsstand schien von gehobener Art zu sein:
Da stand, er sei ein Doktorand im Ingenieurwesen und speziell der Hochfrequenztechnik. Das musste ja etwas ganz Besonderes sein. Einzelheiten seines beruflichen Werdeganges waren nicht angegeben. Aber gut, das konnte man ja noch zu gegebener Zeit erfahren.
Also vereinbarte sie baldmöglich ein Treffen mit diesem jungen Mann:
Das erste Treffen war zufriedenstellend. Er hatte gute Umgangsformen, sah sehr gut aus und konnte sich auch gut mit ihr unterhalten.
Als sie versuchte, Näheres über seinen Berufsweg zu erfahren, vor allem auch über seinen Status als Doktorand, wich er aus, blockte schließlich und glitt in etwa ins Patzige ab:
„Steffi, mein Doktorthema, also der Inhalt meiner Doktorarbeit, ist außerordentlich kompliziert. Du bist Lehrerin für Deutsch und Englisch, aber auf dem Gebiet der Technik sicher nicht so zu Haus."
„Dann erkläre es mir doch, sodass ich ein wenig dazulerne."
„Das wirst Du kaum verstehen. Und ich denke, das fangen wir auch erst gar nicht an."
Diese Art des Abwimmelns gefiel ihr weniger. Auch dass er wohl knapp bei Kasse sei, machte sie ein wenig stutzig. Denn alle Kosten für das Treffen in einem Speiselokal musste sie auf sich nehmen. Doch dachte sie, er sei eben als Doktorand noch immer ein Student mit wenig bis gar keinem eigenen Einkom-

men.
So erfolgten die gemeinsamen Treffen regelmäßig, aber auch immer in Steffis Stadt, jedoch nicht am Wohnort des neuen Bekannten, der vorgab, Wilfried H. zu heißen.
Aber auch dafür hatte der Bekannte eine Erklärung, er habe eben keine gute Wohnung.

Bereits beim dritten Treffen fragte dieser neue Bekannte, ob sie ihn denn nicht auch einmal in ihre Wohnung einladen könne. Steffi W. hatte nichts dagegen:
„Natürlich kannst Du mich in meiner Wohnung besuchen. Denn ich habe ja nichts zu verbergen."
Diese Äußerung schien dem neuen Bekannten Wilfried H. nun gar nicht zu gefallen, denn er begehrte auf und fragte ganz ungehalten:
„Was heißt denn hier *nichts zu verbergen*? Meinst Du etwa, ich habe was zu verbergen?"
„Nein, auf keinen Fall. Ich bezog das nur auf meine Wohnung, aber sonst auf nichts."
„Es klang aber sehr misstrauisch."
„Selbst wenn es misstrauisch klang. Es ist aber nicht so gemeint. Und selbst wenn, das hat doch nicht unmittelbar etwas mit Dir zu tun. Besuch mich also, und dann siehst Du ja, wie ich wohne."

Wilfried H. schaute ziemlich ärgerlich oder aber wie jemand, der in die Enge getrieben zu sein schien. Doch vereinbarten beide ein Wochenende zum Besuch in Steffi W.s Wohnung.

Der neue Bekannte kam auch und brachte irgendein armseliges Blumensträußchen mit. Doch auch jetzt schob Steffi das wieder auf den armen Doktoranden.
Diesem angeblichen Doktor-Anwärter gefiel die Wohnung außerordentlich:
„Steffi, Deine Wohnung ist doch wunderbar. Da hätte ich ja fast große Lust einzuziehen."
„Ja, dann tu es doch. Hier ist sehr viel Platz, auch für eine zweite Person."

Gesagt, getan: Einen Monat später schon zog der neue Bekannte bei ihr ein. Was er mitbrachte, war nur ein Koffer mit Inhalt. Das war sein ganzes Umzugsgepäck. Auch jetzt schöpfte Steffi W. in ihrer Verliebtheit keinen Verdacht: Wer nur mit einem Koffer aus seiner alten Behausung bei ihr einzog, musste an seinem früheren Wohnsitz wenig Inventar gehabt haben. – Aber auch das entschuldigte sie wieder mit dem armen Studenten. Schließlich war er ja Doktorand, und da hatte er sicher geistige Kapazitäten.

Es gefiel ihm bei ihr sehr gut. Auch als er einige Tage später auf die vielen teuren Bücher für seine Doktorarbeit zu sprechen kam, hielt sie das für verständlich: Für so eine komplizierte Arbeit braucht man eben entsprechend anspruchsvolles Material.
Also half sie ihm gern mit einem Tausender aus. Doch die *so überaus wertvollen Bücher* bekam sie nicht zu Gesicht. In ihrer Verliebtheit fragte sie auch nicht näher danach.

Ihr fiel auch nicht auf, dass er so gar nicht zum Doktorvater, also seinem sogenannten professoralen Hauptbetreuer, fuhr. Während sie ihrer Lehrtätigkeit nachging, saß er hauptsächlich nur in ihrer Wohnung und schien alle Zeit der Welt zu haben.
Doch halt! Irgendwann saß er vor seinem Laptop und tippte darauf herum, am liebsten auch in einem ihm zugewiesenen Zimmer. Wenn Steffi W. ihn dort irgendwann aufsuchte, klappte er das Gerät sofort zu.
Darauf fragte ihn seine Freundin einmal:
„Wie kommst Du denn mit Deiner Doktorarbeit voran?"
Ganz verlegen erwiderte er nervös: „Oooh, es geht einigermaßen. Ich muss ja auch immer in den Büchern nachlesen und die für die Arbeit passenden Stellen suchen."
„Wo hast Du denn die Bücher. Ich sehe doch keine."
Jetzt reagierte er auffahrend und äußerst ärgerlich: „Spionierst Du mir etwa nach, wo ich die Bücher habe? Das geht Dich doch …" *gar nichts an* hatte er wohl sagen wollen, doch bremste er sich im letzten Moment. Er redete auch nicht weiter. Wahrscheinlich dachte er sich, seine Freundin wolle doch mal die Bücher sehen, die sie ja offensichtlich mit sehr viel Geld finanziert hatte.

So ging es eine ganze Weile weiter. Auch entwickelte Steffi W. keinen Argwohn, dass er von Zeit zu Zeit und oft am Wochenende wegfahren musste. Angeblich besuchte er dann seine Eltern oder den ihn – wie es hieß – betreuenden Doktorvater, ausgerechnet am Samstag oder Sonntag.
Der Lehrerin fiel auch auf, dass er fünf Handys hatte.

Wie konnte ein armer Student nur so einen Luxus treiben. Normalerweise hätte doch nur ein Handy gereicht.
Aber noch immer gab Steffi W. sich leichtgläubig. Doch da sollte es eine andere Wendung geben, als sie ihrem Bekannten sagte, am kommenden Sonntag seien sie zum Mittagessen bei ihren Eltern eingeladen. Daraufhin wollte er wissen, was ihre Eltern denn für einen Ausbildungsstand hätten. Diese unverschämte und ungezogene Frage erregte immer noch nicht ihren Argwohn. Sie sagte es ihm.

Wilfried H. wirkte daraufhin sehr nervös. Angeblich musste er deswegen andere Termine umlegen und verschieben. Doch schien es dann, als habe er sich für diesen Sonntag von anderen Verpflichtungen „freigeschaufelt".

Also besuchten sie dann beide Steffi W.s Eltern. Das Mittagessen war trefflich. Doch weniger vorzüglich war das Gespräch vor allem mit Steffis Vater, einem Gymnasiallehrer ausgerechnet für Mathematik und Physik. Er interessierte sich außerordentlich für das Thema der Doktorarbeit von Wilfried H.
Doch versuchte dieser, das *so überaus schwierige Thema* abzublocken. Denn das sei für einen Laien äußerst schwierig und kaum verständlich. Aber da kam er bei Steffis Vater an den Rechten – oder für ihn eher Falschen. Denn der konterte mit seinem eigenen Werdegang:
„Herr H., so ganz unbedarft bin ich auf den Gebieten von Mathematik und vor allem der Physik denn doch nicht. Denn das habe ich alles studiert, und in beidem bin ich zu Hause. In die-

sen Fächern habe ich auch jahrelang am hiesigen Gymnasium unterrichtet. Mit welcher Thematik befasst sich denn Ihre Doktorarbeit?“

„Ja also, Herr W., das ist – äh, hm – die Hochfrequenztechnik.“

„Das ist ja wunderbar. Auf diesem Feld der Naturwissenschaften können wir uns ausgezeichnet ergänzen. Dann erzählen Sie doch, um welches Teilgebiet es sich auf diesem weiten Feld handelt.“

Steffis Vater blickte den Bekannten seiner Tochter erwartungsvoll an. Doch der wurde noch viel nervöser und begann herumzustottern: „Das lässt sich nicht so einfach darstellen.“

„Ach, dann fangen Sie doch mal an. Einiges werde ich schon verstehen. Vielleicht kann ich Ihnen ja noch helfen.“

„Aber, aber … Das ist ja nicht – äh – das Gebiet der Physik, sondern der Ingenieurtechnik.“

„Ah, dann sind Sie schon Diplom-Ingenieur?“

„Hm, äh, noch nicht so direkt. Äh, dazu gibt es ja die Doktorprüfung.“

„Doktorprüfung ohne vorheriges anderes Examen? Das wäre mir neu. An welcher Hochschule sind Sie denn?“

Jetzt rastete Steffis Bekannter regelrecht aus und verlegte sich auf eine Schimpfkanonade:

„Was soll denn Ihre viele Fragerei? Wollen Sie mich regelrecht ausfragen und verhören? Kümmern Sie sich doch um Ihre eigenen Angelegenheiten.“

„Wenn Ihnen ein solches Gespräch nicht behagt, dann sagen Sie es doch gleich.“

Damit endete der Besuch bei Steffis Eltern ziemlich abrupt. Die Lehrerin war ganz irritiert und fuhr mit Wilfried H. zurück zu ihrer Wohnung. Unterwegs schimpfte er immer noch und hackte auf ihrem Vater herum, was ihr gar nicht gefiel. Denn an den Äußerungen ihres Vaters konnte sie nichts Verwerfliches finden, und die Bemerkungen des Bekannten gefielen ihr überhaupt nicht.

Am nächsten Sonntag musste Wilfried H. angeblich zu einem auswärtigen Termin, sodass Steffi W. allein war. Sie fuhr also zu ihren Eltern. Dort aber sprachen ihre Eltern, und vor allem der Vater, ganz offen und ohne Umschweife mit ihrer Tochter:
„Steffi, Dein Bekannter ist nichts für Dich. Nach dem, was ich von ihm gehört habe, hat er auf dem Gebiet, auf dem er angeblich seine Doktorarbeit schreibt, keinerlei Ahnung. Und sein Gerede, er wolle ohne jede Art von Vorexamen eine Dissertation, also eine Doktorarbeit, schreiben, ist hanebüchener Unsinn. Das mag es vielleicht in einem Drittland geben, aber nicht bei uns. Ich kann mir nicht helfen, aber ich habe den Eindruck, dass er ein Schwindler oder so etwas ist. Normalerweise ist jeder echte Doktorand gern bereit und auch stolz darauf, über seine Doktorarbeit zu berichten. Dass Dein Bekannter hier abblockt, ist in Wirklichkeit ein ganz schlechtes Zeichen."

Jetzt versuchte Steffi, ihren Bekannten in Schutz zu nehmen. Doch das verfing bei ihrem Vater keineswegs. Vielmehr riet er ihr, ihn doch einmal nach Möglichkeit zu überprüfen.
„Wie soll ich das denn machen?", fragte sie.

„Du sagtest doch, dass er einen Laptop hat. Kannst Du den denn nicht mal in Augenschein nehmen?“
„Nein, das möchte er nicht.“
„Und warum nicht?“
„Das weiß ich auch nicht.“
„Aber ich weiß es. Du musst einmal heimlich versuchen, ihm bei seiner Arbeit am Laptop vielleicht über die Schulter zu schauen. Dann wirst Du möglicherweise sehen, was er da so schreibt. Dann siehst Du auch, ob er an seiner Arbeit sitzt oder irgendetwas anderes schreibt. Ich vermute eher, dass er E-Mails verfasst. Versuche herauszufinden, was das für Briefe wohl sind. Wir stehen Dir selbstverständlich jederzeit zur Verfügung.“

Das ging Steffi W. sehr zu Herzen. Einerseits wollte sie diesen Bekannten nicht verlieren, andererseits wollten ihr die Bedenken ihrer Eltern und vor allem auch ihres Vaters einleuchten.
Am folgenden Montag traf Wilfried H. erst am frühen Nachmittag bei ihr ein, nachdem sie schon wieder aus der Schule heimgekehrt war. Er schien ganz abgehetzt zu sein, als hätte er einen Marathonlauf hinter sich. Kaum hatte er sie begrüßt, rückte er auch schon wieder mit einer Geldforderung heraus:
„Steffi, am Wochenende war ich bei meinem Doktorvater. Ich brauche noch weitere Bücher, wenn meine Doktorarbeit gelingen soll. Leider sind sie ausgesprochen teuer.“
„Was werden diese Bücher denn wohl kosten?“
„Ich rechne mit tausend Euro.“
„Ja, woher soll ich die denn nehmen?“

„Das weiß ich doch nicht“, antwortete er höchst patzig und ungehalten.

„Ich weiß nur, dass ich ohne sie nicht weiterkomme. Deshalb musst Du eben wieder in den sauren Apfel beißen.“

Jetzt war es an Steffi W., ungehalten zu werden:

„Also Wilfried, ich kann Dir auch nicht andauernd mit Geld aushelfen. Vor kurzer Zeit habe ich Dir doch schon einen Tausender gegeben.“

„Ja, das reicht aber nicht. Ich brauche das Geld umgehend.“

Wie er das sagte, erinnerte er sie geradezu an einen Gerichtsvollzieher. Als habe er das Recht, von ihr regelmäßig eine Menge Geld zu fordern. Das machte sie stutzig, erst recht, nachdem ihr Vater sie gewarnt hatte. Sie beschloss, ihn zunächst hinzuhalten und verwies auf ihre Eltern:

„Da muss ich einmal bei meinen Eltern nachfragen, ob die mir vielleicht helfen können.“

„Wieso bei Deinen Eltern? Die machen doch sicher nur Schwierigkeiten. Ich habe Dich doch gefragt und nicht Deine Eltern.“

„Wie weit bist Du mit Deiner Doktorarbeit? Wann wirst Du denn mal fertig?“

„Das überlass mir mal. Ich frage Dich doch auch nicht, was Du in der Schule alles machst.“

Steffi W. hielt es für besser, das Gespräch nicht fortzusetzen. In ihr keimte mehr und mehr ein böser Verdacht auf. So wollte sie ihn heimlich bei seiner Arbeit am Laptop einmal überraschen. Dazu bot sich auch bald Gelegenheit, als er wieder in „seinem Zimmer“ am Computer saß und schrieb.

Da er den Rücken zur Zimmertür gekehrt hatte, konnte sie über seine Schulter schauen und sah, woran er „arbeitete", nachdem sie bewusst ganz leise eingetreten war:
Es war keineswegs seine Doktorarbeit, sondern er schrieb eine E-Mail. Und da erblickte sie auch gerade noch die Adresse: Irgendeine Gisela war es, die er mit *allerliebstes Schätzchen* anschrieb. In diesen Brief schien er ganz vertieft zu sein, denn erst nach einer kurzen Weile bemerkte er, dass sie hinter ihm stand.
Sofort klappte er den Laptop zu und fuhr sie in höchstem Zorn an: „Was schleichst Du Dich hier herein und schnüffelst mir nach, während ich bei der Arbeit bin? Das ist eine Unverschämtheit. Am liebsten würde ich Dir eine reinhauen."

Darauf antwortete sie nichts, verließ den Raum und rief ihren Vater an. Er möge doch sogleich kommen, sie brauche ihn dringend.
Ihr Vater machte sich sofort zu ihr auf und traf nach einer knappen halben Stunde bei ihr ein. Sie informierte ihn über das Vorgefallene, und ihr Vater versprach, diese unliebsame Angelegenheit mit dem Bekannten zu regeln.
Wilfried H. mochte inzwischen irgendwie Lunte gerochen haben. Denn er hatte die eigenartige „Beschäftigung" am Laptop so schnell wie möglich beendet und kam wie ein zerknirschtes Kind ins Wohnzimmer, um sich reuevoll und ganz kleinlaut zu geben. Doch hier fand er nicht Steffi W., sondern ihren Vater vor, der ihm kurzerhand klarmachte, dass er seine paar Sachen packen solle und dann umgehend zu verschwinden habe.

Da half auch alles Bitten und Betteln nichts. Steffis Vater wies ihm unmissverständlich die Tür.

Unter den widerlichsten Beschimpfungen und Schmähungen verließ er dann Steffi W.s Wohnung und fuhr mit seinem uralten Auto davon.
Vater W. aber forderte seine Tochter auf, mit ihm nach Hause zu kommen. Das sei in ihrem Zustand so wohl am besten. Seine Tochter sah das ein, nahm ihre Sachen – vor allem auch für die Schule – und fuhr mit ihrem Wagen hinter ihrem Vater her, um einige Tage im Elternhaus zu bleiben.

Sie war tief enttäuscht und voller Schmerz über diesen Menschen, dem sie zunächst vertraut hatte und mit ihm vielleicht ein ganzes Leben aufbauen wollte. Auch viel Geld hatte sie ihm gegeben.
Ihre Eltern trösteten sie und versuchten, sie wieder aufzubauen. Aber das war nicht einfach. Vor allem ihr Vater sprach ihr Trost zu und verwies sie auf eine mit Sicherheit bessere Zukunft:
„Steffi, bei allem, was geschehen ist, sei doch froh, dass dieser Spuk mit einem bösartigen Betrüger vorbei ist. Stell Dir nur mal vor, Du hättest erst viel später gemerkt, was das für ein gefährlicher Gauner gewesen ist."
„Papa, Du hast ja recht. Aber ich möchte doch jemanden finden, dem ich vertrauen kann, der ein guter Mensch ist und mit dem ich ein gemeinsames Leben aufbauen kann."
„Steffi, das verstehen wir, Deine Mama und ich, voll und ganz.

Und den wirst Du auch finden. Aber lass Dir etwas Zeit. Der Richtige kommt noch. Warte es nur ab.“
„Papa, Mama, meint Ihr, ich soll es noch einmal im Internet versuchen?“
„Das kann gut sein, eine solide Partnervermittlung ist sicher auch nicht schlecht. Aber die kostet Geld. Bei beiden Vermittlungen kannst Du aber sehr leicht an ein schwarzes Schaf geraten – gerade so, wie Du es ja jetzt schmerzlich erfahren musstest. Lass Dir etwas Zeit. Du bist ja noch unter dreißig.“

Steffi W. fühlte sich wohl bei ihren guten und um sie besorgten Eltern. Zeitweise überlegte sie sogar, ob sie nicht vielleicht ihre Wohnung aufgeben und wieder zu ihren Eltern ziehen sollte. Doch sie hatte einen lang andauernden Mietvertrag, der eine kurzfristige Vertragskündigung nicht vorsah.
Also kehrte sie nach einer Woche wieder in ihre Wohnung zurück. Tagsüber hatte sie viele Lehrverpflichtungen. Die lenkten sie von ihrem Kummer ab. Doch nach den umfangreichen Unterrichtsvorbereitungen und der ganzen lästigen Küchenarbeit saß sie betrübt und dumpf vor sich hinbrütend im Wohnzimmer und war – allein.

An einem der nächsten Tage – oder vielmehr – Abende saß sie wieder dort und betrachtete sehnsuchtsvoll die Aufnahme ihres verstorbenen Mannes, die sie auch häufig küsste. Was war das doch für ein ausgezeichneter Gatte gewesen! Warum war er so früh gestorben? Warum hatte er sie in so jungen Jahren verlassen?

Und dann zogen sie wieder gedanklich an ihr vorbei:

Ihr wunderbarer Mann – nur schade, dass er ein „Workaholic“, also ein Arbeitstier, gewesen war und so viel geraucht hatte.
Dann traf sie ein ausgesprochenes Muttersöhnchen, mit dem man unmöglich ein gemeinsames Leben teilen konnte.
Und schließlich ging sie einem widerlichen Heiratsschwindler auf den Leim, der es nur auf ihr Geld und sicher auch anderer Frauen abgesehen hatte.
Warum hatte sie denn nur so ein Pech mit Männern? Sie grübelte vor sich hin und fand, dass ihr Leben kaum noch lebenswert sei. Sollte sie als gedankenverlorene Singlefrau einem langweiligen Dasein entgegendämmern – und dann erst einem armseligen und einsamen Leben im Alter?
Am nächsten Tag kaufte sie – fast wie in Trance – in irgendeiner Apotheke eine große Schachtel frei zugänglicher Schlaftabletten.
Dabei war sie sich selbst nicht so ganz schlüssig, wozu diese Tabletten dienen sollten. Doch öffnete sie die Schachtel wie eine Art Schlafwandlerin und nahm das erste Plastikplättchen in die Hand und starrte gedankenverloren auf die Tabletten.

Während sie so – mit dem Tablettenstreifen in der Hand – trübsinnig im Wohnzimmer saß, fiel auf einmal wieder ihr Blick auf das Foto mit ihrem verstorbenen Mann. Sie nahm es an sich und küsste es wieder innig. Dabei flossen ihr Tränen über die Wangen. Was war das doch für eine schöne Zeit mit ihm gewesen!

Indem sie die Aufnahme ganz sehnsuchtsvoll betrachtete, fuhr sie plötzlich voller Schreck hoch. Denn was war das auf einmal?

Ihr kam aus dem Foto heraus gleichsam ihr Mann entgegen, als würde er aus der Aufnahme heraus emporsteigen und gleichzeitig wurde es auch heller im Wohnzimmer. Sie erkannte bei vollem Bewusstsein ihren Mann in Lebensgröße, also nicht nur im Ausmaß des Bildes. Er stand wie zu Lebzeiten vor ihr.
Ja, das war ihr Mann. Was wollte er nur? Er war doch eigentlich tot, und jetzt stand er vor ihr.
Noch bevor sie ihn ansprechen konnte, begann er zu reden.

Über dieses Gespräch mit ihrem verstorbenen Mann berichtete später seine frühere Frau:

„Steffi, habe keine Angst, ich tue nichts Böses. Ich will Dir nur helfen.“
„Aber, Heinz, bist Du es wirklich?“
„Ja, ich bin Dein früherer Mann.“
„Du bist doch tot. Wie kommt es, dass Du jetzt hier bei mir bist?“
„Für irdische Verhältnisse bin ich tot. Aber in Wirklichkeit lebe ich weiter.“
„Wie kommt das denn? Du bist doch gestorben und Dein toter Leib liegt auf dem Friedhof.“
„Das ist richtig. Aber im Jenseits, also in der jenseitigen Welt, lebe ich weiter.“

„Das ist ja unglaublich. Das kann ich mir überhaupt nicht vorstellen."

„Es ist auch schwer zu verstehen. Doch es stimmt."

„Wie geht es Dir denn?"

„Mir geht es gut. Aber Dir geht es nicht gut. Und deshalb bin ich zu Dir gekommen. Ich möchte Dir helfen. Das ist auch meine Aufgabe, die ich vom höchsten Wesen bekommen habe."

„Mir helfen? Wie soll das denn geschehen?"

„Ja, Steffi, Du hast Dir heute schlimme Tabletten gekauft. Was hattest Du denn damit vor?"

„Ach, Heinz, mein Leben nach Deinem Tod war und ist nicht schön. Ich habe sehr viel Schlimmes erlebt. Und deshalb bin ich es leid, noch weiter zu leben."

„Und deshalb willst Du Dein kostbares und wertvolles Leben einfach wegwerfen?"

„Ach, ich weiß einfach auch nicht mehr weiter."

„Doch, Steffi, Du musst und Du sollst auch weiterleben. Du wirst noch sehr viel Schönes erleben. Nur musst Du noch etwas Geduld haben."

„Das sagt sich so leicht. Du hast ja alles Schlimme hier auf dem Erdboden hinter Dir. Da kannst Du gut reden."

„Auf Dich wartet noch sehr viel Schönes und Gutes. Und Du möchtest doch noch mal heiraten."

„Heiraten? Wen denn?"

„Pass mal gut auf, was ich Dir jetzt sage: In etwa einem halben Jahr wirst Du auf einer Lehrertagung einen ausgezeichneten Kollegen von einem anderen Gymnasium kennenlernen. Ihr werdet Euch verlieben und irgendwann auch heiraten. Außer-

dem werdet Ihr auch zweimal einen prächtigen Nachwuchs bekommen, einen Sohn und eine Tochter."
„In einem halben Jahr – kennenlernen – heiraten?"
„Ja, Steffi, in knapp einem halben Jahr."
„Woher weißt Du das denn alles?"
„Ganz einfach: In der jenseitigen Welt sind Raum und Zeit für uns ohne Bedeutung. Deshalb können wir auch problemlos in die Zukunft schauen. Hier geht das nicht, denn hier schirmt uns der Körper ab. Dort drüben aber nicht mehr, und daher weiß ich es."
„Das ist ja kaum zu glauben."
„Trotzdem stimmt es. Also habe wieder Mut und Hoffnung. – Ach, und dann noch etwas: Die üblen Tabletten wirf heute noch in den Müll. Und jetzt alles Gute."

Darauf war er nicht mehr zu sehen, und der helle Lichtschein nahm auch ab.

Ich war wie elektrisiert. Mein verstorbener Mann hatte mit mir gesprochen und mir eine gute Zukunft vorhergesagt. Das musste ich ganz langsam verarbeiten. Ich dachte der Reihe nach an alles, was er mir gesagt hatte, und schöpfte neuen Mut und neue Kraft.
Da fiel mir auch ein, was er mir zum Schluss gesagt hatte. Also nahm ich die Schachtel mit den Tablettenstreifen und entsorgte sie noch am späten Abend im Sondermüll.

Und was passierte dann in Steffi W.s Zukunft?
Sie besuchte die angesprochene Lehrertagung – zwar ohne große Erwartung, aber doch ein bisschen mit beklommenem Herzen. Dabei merkte sie irgendwann, dass ein Kollege aus der Lehrerrunde andauernd ganz verstohlen zu ihr herüberschaute, und sie ertappte sich dabei, dass auch sie ihre Blicke zu ihm hinschweifen ließ. Er kam beim Mittagessen an ihren Tisch und bat um die Erlaubnis, sich zu ihr setzen zu dürfen. Natürlich hatte sie nichts dagegen.

Und dann lernten sie sich im Laufe der Zeit näher kennen:
Er – Peter K. – war Lehrer an einem Gymnasium in einer größeren Stadt etwa im Umkreis von vielleicht dreißig Kilometern und hatte ebenso als Fach Englisch, daneben als Zweitfach Französisch.
Peter K. war ein blendend aussehender Kollege mit solidem Benehmen und feinfühligem Gespür für den Umgang mit anderen Menschen. Er war offenbar ungekünstelt und auch unkompliziert. Das merkte man an seinem frischen Humor. Offensichtlich schien er Mutterwitz zu haben, der gern lachte, aber – wie es schien – nicht über andere.

Steffi W. war zunächst aufgrund ihrer üblen Erfahrungen zurückhaltend und reserviert. Diese Haltung baute sie aber allmählich ab. Sie besuchten sich gegenseitig, und Steffi erkannte, dass ihr verstorbener Mann mit seiner Vorhersage offensichtlich recht hatte.

Schließlich lud sie ihn auch zu ihren Eltern ein.
Sie war gespannt, was sie zu diesem Kollegen zu sagen hatten. Wieder kam – wie damals mit dem falschen Doktoranden – der Besuch zum Mittagessen an einem Sonntag. Doch diesmal verlief dieser Besuch völlig anders:
Steffis Vater empfing auch diesmal den neuen Bekannten seiner Tochter unvoreingenommen, aber doch mit dem nötigen klaren Blick. Aber sehr bald schon merkte er, dass er es nun mit einem offenbar grundsoliden Mann zu tun hatte, der sich nicht verstellte, sondern sich so gab, wie er in Wirklichkeit war. Auch seinen zuweilen etwas kritischen Fragen zu seiner Tätigkeit wich Peter K. nicht aus, sondern beantwortete sie fundiert und ohne Umschweife, vor allem auch zu ihren jeweiligen Schulfächern:
„Wie ich hörte, sind Sie Philologe, und zwar spezialisiert auf die Gebiete Englisch und Französisch?“
„Ja, das waren auch früher in der „Penne“ schon meine Lieblingsfächer. Also blieb es nicht aus, dass ich mich auch im Studium auf sie konzentrierte.“
„Also da kann ich als Mathematiker und Physiker nicht mithalten.“
„Oh, haben Sie diese Fächer belegt. Da habe ich aber einen Heidenrespekt vor Ihnen.“
„Warum denn?“
„Um Mathe und Physik habe ich – wenn es ging – immer einen weiten Bogen gemacht. Na ja, wenigstens hat es für eine *Drei und Vier* noch gereicht.“

Steffi W.s Vater musste nun lauthals lachen, ehe er darauf entgegnete:
„Bei mir war es direkt umgekehrt, zumindest im Fach Englisch. Da habe ich mich am liebsten hinter dem Rücken des Vordermanns versteckt."
„Aber trotzdem hat Ihre Tochter auch einen Hang zu Sprachen."
„Ja, den hat sie zweifellos von meiner Frau, Steffis Mutter. Das Gebiet von Genen und Vererbung ist eben ein ganz eigenartiger und manchmal auch höchst verschlungener Weg."
„Das finde ich auch, und weiter finde ich, es ist gut, dass es diesen wunderbaren Weg gibt."
Steffis Vater war inzwischen von dem neuen Bekannten seiner Tochter höchst angetan, und man merkte, dass er Peter K. allmählich in sein Herz aufgenommen hatte.
Ebenso war es umgekehrt: Steffi W.s neuer Bekannter war auch von ihren Eltern begeistert. Das waren gestandene und liebenswerte Menschen, auf die man sich ohne Zweifel verlassen konnte.

Peter K.s Eltern luden Steffi W. bald darauf auch zu sich ein. Es waren Handwerksleute: Peters Vater war ein tüchtiger Maurer und seine Mutter eine gefragte Schneiderin, einfach liebenswürdige und gute Leute, auf die ihr Sohn stolz war. Sie begrüßten seine Bekannte liebevoll – und auch ein bisschen neugierig: Was ihr Sohn da wohl für eine Freundin vorstellte. Nach einem gemeinsamen Treffen, Mittagsmahl und ausgiebigen Gesprächen waren sie alle überzeugt, dass sie in Harmonie zueinander passen würden.

Und so kam es, dass Steffi und Peter wenige Monate später heirateten und zusammenzogen – in Steffi W.s geräumige Wohnung.
Auch wenn er eine Weile täglich zu seiner Schule pendeln musste. Das machte ihm nichts aus. Hauptsache war für ihn, dass seine Frau vor Ort bleiben und dort tätig sein konnte.

Anderthalb Jahre später erhielten sie putzmunteren Nachwuchs, einen Sohn, der sich prächtig entwickelte und der ganze Stolz seiner Eltern – aber auch der Großeltern war.
Zwei Jahre später kam eine ebenso gesunde und überaus lebendige Tochter hinzu. Das Glück der Eltern war vollkommen.

Da erinnerte sich Steffi an ihren damaligen Lebensüberdruss. Sie wollte ihrem Leben ein Ende setzen, nachdem sie damals auch mancherlei Pech gehabt hatte. Jetzt schämte sie sich gleichsam für ihre damalige Voreiligkeit und Ungeduld, wo doch das Leben noch so viel Schönes und Glückliches zu bieten hatte.
Gleichzeitig dachte sie auch voller Dankbarkeit an ihren ersten Mann. Er hatte sie in ihrer Verzweiflung aufgefangen und ihr eine neue Perspektive gezeigt.
Und das Entscheidende daran war – es stimmte auch alles, was er ihr vorhergesagt hatte. Er hatte sie vor einem schrecklichen Ende bewahrt – er, der Verstorbene.

Doch, wie hatte er sich noch geäußert: Er war nur für das Diesseits tot, lebt(e) aber in der jenseitigen Welt weiter.

Und gerade alles, was er ihr damals mitteilte, hatte sich in Wirklichkeit bewahrheitet.

STUDENT IN PANIKSTIMMUNG

Nun hatte Horst E. schon zehn Semester an seiner Heimatuni studiert. Nach dem erfolgreichen Bachelor-Abschluss studierte er die Fächer Englisch und Geschichte auf Lehramt weiter. In Englisch gab es keine Probleme. Da steuerte er offenbar erfolgreich seine Masterarbeit an. Der anvisierte Dozent war ein hochkompetenter, zugleich aber auch sehr verständnisvoller Professor.

Anders sah es im Fach Geschichte aus. Da hatte er sich auf Professor Georg S. fürs Mündliche konzentriert, der sich zuerst ganz „friedlich“ gezeigt hatte, dann aber irgendwie völlig „abgedreht“ war:

Für das Referat zu einem Seminar in Neuerer Geschichte hatte er ihm sein eigenes Buch empfohlen. Das war eher ein Büchlein. Und als Horst E. den Professor daraufhin fragte, ob er sich noch weitere Literatur suchen solle, gab der sich ganz erstaunt:

„Aber warum denn noch weitere Bücher? Meins reicht doch dicke.“

„Ja, ich dachte doch nur.“

„Meinen Sie etwa, mein Buch wäre nicht umfangreich genug?“ Professor Georg S. blickte ziemlich ungnädig.

Horst E. gab sich unschlüssig und vergrößerte damit nur noch mehr die Verstimmung des Geschichtsdozenten.

Schließlich akzeptierte er das Buch und bereitete mit dessen Hilfe das geforderte Referat, leider aber ohne noch weitere Literatur zu verwenden.

Und dann kam der Tag, an dem Horst E. sein Referat halten sollte und auch hielt.

Schon während seines Vortrags funkte Georg S. dauernd dazwischen:
„Da haben Sie aber nur eine sehr schmalspurige Quellenauslese betrieben."
„Aber, Herr Professor, Sie hatten mir doch Ihr eigenes Werk empfohlen und danach habe ich exakt gearbeitet."
„Nun reden Sie mal nicht von Exaktheit. Sie hätten eben noch weitere Fachliteratur heranziehen müssen."
„Gerade danach habe ich Sie seinerzeit ja auch gefragt. Darauf antworteten Sie mir, das sei entbehrlich. Denn in Ihrem Buch wäre alles Wichtige enthalten, was ich zu dem jetzigen Referat brauchen würde."
„Dann haben Sie mich eben missverstanden. Jedenfalls mit dem, was Sie bis jetzt von sich gegeben haben, kann ich und können wir hier nicht viel anfangen. Doch tragen Sie mal Ihr Referat weiter vor. Vielleicht enthält es ja noch einige Lichtblicke."
Dabei grinste Professor S. regelrecht diabolisch.
Horst E. setzte höchst missmutig den Vortrag seines Referats fort und wurde noch mehrmals vom Dozenten unterbrochen. Wie er dabei mit seinem Studenten umsprang, rief auch den Unmut der übrigen Studenten hervor. Doch es nutzte alles nichts, Georg S. gab sich unerbittlich.
Am Schluss des Seminars gab er Horst E. unmissverständlich zu verstehen, für dieses Referatsmachwerk könne er keinen

Schein bekommen.
Den aber brauchte Horst E. unbedingt für die spätere Einleitung einer der mündlichen Hauptprüfungen. Horst E. war regelrecht am Boden zerstört:
Da hatte er nun zehn Semester – fünf Jahre – lang studiert und sich ausgerechnet auf diesen Professor konzentriert. Und nun zog der unter ihm den Boden weg. Was sollte er nun anfangen? Horst E. war völlig verzweifelt.

Doch es blieb nicht nur bei diesem Tiefschlag: Als er von einem Mitstudenten hörte, für die Lehramtsprüfung brauche er auch noch den sogenannten Pädagogenschein, also einen Leistungsnachweis in Erziehungswissenschaft, ließ er sich zu einem Dozenten in Pädagogik bugsieren, der nicht nur muffig aussah, sondern auch höchst verklemmt agierte. Da war es natürlich auch kein Wunder, dass er nur eine Handvoll Studenten hatte.

Weil er Horst E. von früheren Veranstaltungen her nicht kannte, forderte er den offenbar neuen Studenten auf, nach der Veranstaltung einmal zu ihm zu kommen.
Da hatte Horst E. irgendwie schon ein ganz mulmiges Gefühl. Damit sollte er auch recht behalten:
Professor Hinrich Q. sah ihn ziemlich ungnädig an, als er ihn fragte:
„Sind Sie in meinem Seminar neu?“
„Ja, Herr Q.“
„Was heißt denn hier Herr Q.? Ich bin immerhin Professor.“

„Entschuldigung, Herr Professor."
„Das hört sich schon besser an. Also sind Sie nun neu oder nicht?"
„Doch, Herr Professor. Ich bin neu."
„Haben Sie denn vor, auch zu meinen weiteren Veranstaltungen zu kommen?"
Hier hielt Horst E. es mit der Wahrheit und äußerte, er brauche für sein Lehramtsexamen einen Nachweis in Pädagogik. Das behagte dem Professor nun überhaupt nicht:
„Aha, da wollen Sie nur den Pädagogenschein ergattern, und das war's dann. So Studenten mag ich nun auf keinen Fall. Auf die Schnelle irgendeinen Schein holen und sonst mit Pädagogik nichts zu tun haben zu wollen."
„Nun, ich studiere ja hauptsächlich Englisch und Geschichte."
„Was heißt denn hier *hauptsächlich?* Pädagogik ist die Hauptsache. Alles andere ist Beiwerk. Wie lange studieren Sie überhaupt?"
„Seit zehn Semestern."
„Und dann kommen Sie erst jetzt in ein Pädagogikseminar? Das ist doch sehr merkwürdig, mehr als merkwürdig."
„Entschuldigung, Herr Professor. Habe ich denn jetzt keinerlei Chance, bei Ihnen zu einem Leistungsnachweis zu gelangen?"
„Das hängt ja von Ihrer Seminarleistung ab."

Damit war Horst E. höchst ungnädig entlassen. Und so ungnädig ging es auch weiter. Am liebsten wäre er ins vergleichbare Seminar eines anderen Pädagogikdozenten umgestiegen, doch war es dafür zu spät.

Er ärgerte sich über seine eigene Unbesonnenheit, auf völlig dubiose Empfehlungen irgendwelcher Mitstudenten hereinzufallen.
Bei seinem in Erziehungswissenschaft alles entscheidenden Referat nörgelte Hinrich Q., der Dozent, an allem herum, fragte nach ausgesprochenen Belanglosigkeiten und Banalitäten, sodass man den Eindruck haben konnte, dieser Professor wolle nur das berühmte Haar in der Suppe suchen.
Und so kam es auch, wie Horst E. es befürchtet hatte: Den angestrebten Leistungsnachweis bekam er nicht.
Ebenso wie vor einiger Zeit bei Geschichtsprofessor Georg S. war Horst E. auch jetzt wieder geradezu am Boden zerstört. In ihm reifte allmählich der Entschluss, sein Studium an den Nagel zu hängen. Mit wem sollte er sich nur aussprechen?
Seiner armen und verhärmten Mutter konnte er damit nicht auf die Nerven gehen. Denn sie hatte ihm bis jetzt das Studium ermöglicht. Sie selbst erhielt von seinem verstorbenen Vater nur eine kleine Rente und arbeitete zusätzlich noch als Reinigungskraft, um ihrem Sohn das Studium zu ermöglichen.
Wenn er ihr nun sagen würde, das Studium abzubrechen, dann würde sie vor Gram und Leid zusammenbrechen. Das konnte er ihr nicht antun. Aber unter so deprimierenden Umständen weiter zu studieren, das konnte er auch nicht.
Und sein Vater war schon seit vier Jahren tot. Ihm hätte er sein Leid klagen können. Sein Vater hatte auch in den schlimmsten Lebenslagen immer einen guten Rat. Aber jetzt konnte er ihn nicht mehr fragen. So war er ganz allein auf sich gestellt?

In dieser dumpfen Stimmung saß er am Abend in seinem kleinen Zimmer und grübelte voll Kummer und Betrübtheit und suchte nach einem Ausweg. Was sollte er bloß machen?
Sollte er sich vielleicht irgendwo als Englisch-Übersetzer bewerben? Aber ohne irgendeinen Prüfungsnachweis würde ihn niemand einstellen. Sollte er irgendwo Verkäufer oder Kassierer werden? Doch müsste er auch da irgendeine vielleicht nur kurze Ausbildung durchlaufen. Und dafür hätte er dann nach dem Abitur fünf Jahre lang studiert – für nichts und wieder nichts!

In einer solchen über alle Maßen deprimierten Stimmung döste er vor sich hin und nickte schließlich ein in einen Halbschlaf.

Doch plötzlich schrak er auf und war sofort hellwach. Denn es wurde in seinem Zimmer auf einmal ganz hell. Und in diesem eigenartigen Licht sah er jemand auf sich zukommen. Erst als er sich ein wenig an dieses sonderbare Licht gewöhnt hatte, erkannte er die auf ihn zukommende Person.

Wie sich dieses kaum zu erklärende Ereignis weiter entwickelte, schildert Horst E. dann mit einem eigenen Bericht:

Ich schaute wie gebannt auf die sich mir nähernde Gestalt. Ich konnte mir kaum richtig vorstellen, wer das wohl sein könnte. Aber da erkannte ich sie:
Es war mein Vater, er war es wirklich. Ganz kritisch blickte ich hin. Das konnte doch nicht möglich sein. Mein Vater war ja

vor vier Jahren verstorben, er war doch tot. Wieso konnte ich ihn denn jetzt sehen? Noch bevor ich mir selbst diese Frage beantworten konnte, sprach mich mein Vater an:
„Da staunst Du, mein Junge, dass Du mich jetzt auf einmal wiedersiehst."
Vor lauter Überraschung bekam ich zunächst kaum ein Wort heraus, dann stammelte ich irgendwie:
„Aber, Papa, bist Du es wirklich?"
„Ja, natürlich bin ich es."
„Du bist doch vor vier Jahren gestorben. Du bist doch tot."
„Ja, für die irdische Welt bin ich tot. Und alles, was an mir sterblich war, ruht auf dem Friedhof."
„Und was ist denn dann von Dir noch da?"
Jetzt lächelte mich mein Vater nachsichtig an – so wie man vielleicht ein kleines Kind anlächelt, das irgendeine unkluge Frage stellt. Dabei sagte er:
„Meinen Körper habe ich bei meinem Tod zurückgelassen. Das stimmt. Aber das ist nicht alles. Mein Geist, meine Seele sind aber nicht gestorben. Sie können gar nicht sterben. Sie leben weiter."
„Und wo?"
„In der jenseitigen Welt, also im Jenseits existieren sie weiter. Aber das ist kein Ort, kein Raum, das ist vielmehr das Leben im Jenseits. Denn für uns geistige Menschen gibt es weder Raum noch Zeit."
„Das ist aber sehr schwer zu verstehen. Ohne Raum und Zeit, aber doch noch lebendig."
„Ja, mein Junge, das ist wirklich so. Und weil wir auch an kei-

ne Zeit mehr gebunden sind, können wir auch ungehindert in die Zukunft schauen."

„In die Zukunft schauen? Das ist ja unglaublich. Wie kommt das denn?"

„Sieh mal, Horst, auf der Erde hat der Körper mich abgeschirmt und davon abgehalten, auch das zu erkennen, was im späteren Leben geschieht, also was in der Zukunft passiert. Jetzt habe ich keinen irdischen Körper mehr, der mir den Blick auf künftige Geschehnisse verwehren könnte. Jetzt bin ich frei."

„Was siehst Du denn da in der Zukunft?"

„Ich sehe vor allem, dass Du in etwas mehr als einem Jahr Deinen Abschluss an Deiner Hochschule machst."

„Aber, Papa, das ist doch unmöglich. Du kannst ja noch gar nicht wissen, dass mir zwei Professoren das Leben schwer gemacht und mir meine Zukunft verbaut haben."

„Doch, das weiß ich auch. Natürlich kann ich auch sehen, was in der Vergangenheit passiert ist: Da hast Du Dir die falschen Hochschullehrer ausgesucht. Sie haben Dir sehr übel mitgespielt."

„Und wie soll es denn jetzt weitergehen?"

„Du gehst zu dem zweiten Professor im Fach ‚Neuere Geschichte' und machst bei dem einen Seminarschein. Das ist ein verständnisvoller und vernünftiger Dozent. Du musst natürlich auch die ganze Fachliteratur durchlesen und daraus einen Vortrag zusammenstellen. Er wird Dich dafür sogar besonders loben. Also Kopf hoch!"

„Das reicht aber noch nicht. Denn ich brauche auch einen

Schein in Erziehungswissenschaft."
„Da machst Du es ebenso. Neben diesem Hinrich Q. gibt es auch noch einen anderen Professor, und der wird Dir helfen."
„Papa, mir fehlen ja die Worte. Du weißt das alles?"
„Ja eben, ich weiß es und sehe es. Außerdem kenne ich ja auch die Abläufe beim Studium."
„Du meinst also, ich solle einfach weitermachen, und dann klappt es?"
„Aber natürlich. Du musst weiterstudieren und Dein Studium ordentlich abschließen. Das bist Du auch Deiner Mama schuldig, die sich für Dich krummgelegt hat und noch immer abrackert. Und mir bist Du es natürlich auch schuldig."
„Gut, Papa, wenn Du das so sagst und mir so viel Hoffnung machst, dann muss ich ja wohl auch weitermachen."
„Genau, lieber Horst, mach weiter. Und denk daran, in gut einem Jahr bist Du fertig, aber mit einem ordentlichen Examen."
„Kannst Du auch sehen, wie es dann mit mir weitergeht?"
„Ja, Du meldest Dich zum Referendariat, machst auch da einen guten Abschluss und wirst bald darauf an einem Gymnasium beschäftigt. Außerdem braucht Deine Mama nach Deiner erfolgreichen Uni-Prüfung auch nicht mehr arbeiten zu gehen. Und das ist besonders wichtig. – Also, mein Junge, mach es so. Und jetzt alles Gute."

Mit diesen Worten verließ mich mein Vater, und das eigenartige Licht nahm auch ab.
Kurze Zeit nach diesem Gespräch mit meinem Vater klopfte es

an der Tür: Meine Mama kam in mein Zimmer und fragte mich:
„Horst, habe ich Dich nicht sprechen hören? Machst Du jetzt schon Selbstgespräche?"
„Nein, Mama, ich habe mich mit Papa unterhalten."
Darauf fragte sie mich ganz ungläubig:
„Mit Papa unterhalten? Hast Du was getrunken?"
„Nein, ich bin so nüchtern wie eine Sprudelflasche."
„Ja aber, Junge, was soll das denn: Mit Papa gesprochen? Bist Du krank, oder geht es Dir nicht gut?"
„Nein, ich fühle mich pudelwohl. Und jetzt nach dem Gespräch mit Papa erst recht."
Nun wollte ich meine Mutter nicht länger auf die Folter spannen und erzählte ihr alles, was ich in der letzten guten halben Stunde alles erlebt hatte.
Meine Mama war regelrecht sprachlos.

Erst nach einer Weile hatte sie sich einigermaßen gefasst und fragte mich:
„Wie ist denn so etwas möglich, mit einem Verstorbenen zu sprechen? Das habe ich ja noch nie gehört."
„Das gelingt auch nicht jedem Lebenden. An so was habe ich ja auch noch nie geglaubt. Und dennoch war es so."
„Könnte es sein, dass Du das alles geträumt hast?"
„Nein, Mama, ganz bestimmt nicht. Ich war hellwach. Außerdem habe ich Papa ja auch gefragt, wieso ich mit ihm sprechen könne, wo er doch tot sei."
„Und was hat er gesagt?"

„Er sagte mir, für diese Welt sei er zwar gestorben, aber im Jenseits würde er mit Seele und Geist weiterleben. Er sei auch nicht mehr an Raum und Zeit gebunden. Deshalb könne er auch sehen, was zukünftig passiert."
„Das ist ja unglaublich. Ich habe aber noch eine andere Frage: Könnte es sein, dass Du Dir das in so einer Art Trugbild vorgestellt hast, – wie nennt man das nur?"
„Du meinst eine Halluzination?"
„Ja, ich glaube, so nennt man das."
„Mama, das war es auf keinen Fall. Denn Papa hat mir ganz exakt gesagt, wie es in der Zukunft weitergeht."
„Ja, in Zukunft. Aber das müssen wir ja erst noch sehen, was dann passiert. Das sagt noch nichts."
„Gut, Mama, aber er hat auch genau gesehen, was mir diese zwei Professoren alles angetan haben."
„Was haben sie Dir denn angetan?"

Ich informierte sie darauf über die beiden vergeigten Seminare und ergänzte:
„Papa wusste genau Bescheid. Er hat mich auch auf zwei andere und verständnisvolle Dozenten aufmerksam gemacht. Das habe ich bis dahin noch nicht gewusst. Also in einem Traum oder in einer Halluzination hätte ich das nicht erkennen können. Das Gespräch mit Papa ist also echt."
„Gut, mein Junge, ich will es gern glauben. Und wir werden ja sehen, wie es weitergeht."

Und so ging es auch weiter:
Horst E. meldete sich bei diesen beiden anderen Professoren zu passenden Seminaren an und erkannte sehr bald, dass sein Vater recht gehabt hatte:
Diese Dozenten waren verständnisvoll und hilfsbereit. Und Horst E. trug bei ihnen die verlangten Referate vor und erhielt vom Geschichtsprofessor sogar ein ganz besonderes Lob. So hatte es ihm ja auch sein Vater bereits vorhergesagt.

Auch die weiteren Vorhersagen bestätigten sich:
Horst E. schloss nach etwas mehr als einem Jahr die Prüfungen in Englisch und Geschichte mit guten Ergebnissen ab und wurde ziemlich kurzfristig danach ins Referendariat übernommen. Auch das absolvierte er in der vorgesehenen Zeit erfolgreich und erhielt eine Anstellung an einem Gymnasium. Als er sich kurze Zeit später darum bemühte, möglichst an eine Schule in der Nähe seines Heimatortes zu kommen, hatte er auch damit Erfolg.
So konnte er bei seiner Mutter wohnen und ihr manche Arbeit am Haus abnehmen und ihr auch sonst nach Möglichkeit behilflich sein.

Erst jetzt erkannte Horst E.s kritische Mutter die Richtigkeit des Gesprächs zwischen ihrem Sohn und ihrem verstorbenen Mann an:
„Also, Horst, das mit Deiner Unterhaltung zwischen Dir und Deinem Papa hätte ich nicht für möglich gehalten. Aber jetzt muss ich es einsehen. Doch dass so etwas möglich ist, hätte ich

nie gedacht. Warum spricht Dein Papa denn dann nicht auch mal mit mir?“

„Genau kann ich Dir das nicht sagen. Aber ich vermute, dass Du bisher nicht in so einer schrecklichen Notlage warst und bis jetzt bist, wie ich es damals war. Ich wollte doch das Studium abbrechen, und da hat Papa mich aufgemuntert und mir für die Zukunft Hoffnung gemacht. Und – er hat ja auch recht gehabt.“

„Ja, wenn Du das so siehst …“

„Außerdem hat er mir auch gesagt, nach meinem Studium könntest Du ja mit dieser Putzarbeit aufhören. Und so ist es ja auch gekommen.“

Auch diese Ereignisse um einen in die Enge getriebenen und ganz verzweifelten Studenten und die rettende Hilfe aus der jenseitigen Welt zeigen wieder, dass ein derartiges Phänomen durchaus in der Realität vorkommen kann, allerdings auch nur dann, wenn jemand

ein Gespür für Hilfe aus dem Jenseits hat
und
sich helfen lässt!

WANDLUNG EINES HABGIERIGEN

Von seinen Eltern hatte Fred G. ein höchst ansehnliches Erbe erhalten. Es war der Hauptanteil an einer bedeutenden Privatbank. Sein Vater war ein aufrechter und solider Bankier gewesen, der es hervorragend verstanden hatte, dieses Bankhaus groß zu machen und sich vor allem auf dem Sektor von Investitionen, Wertpapieren und im Privatkundenbereich als wichtigen Finanzpartner zu etablieren. Bei den Privatkunden handelte es sich vor allem um „betuchte" Kunden, deren Geld bei ihm in sicheren Händen war.

Seine Mutter war eine kluge und liebenswürdige Frau gewesen, die sich weniger um Geld als vielmehr um ihre mit nur einem Kind kleine Familie, daneben aber auch um wohltätige Aufgaben gekümmert hatte.

Und nun war Fred G., der Erbe, Hauptteilhaber dieser Privatbank. Neben ihm gab es noch einen Mitinhaber, der allerdings nur etwa ein Drittel der Anteile an diesem Bankinstitut besaß. Das war ein ruhiger und besonnener Teilhaber, der sich nur nebenbei mit Bankgeschäften befasste. Eigentlich hätte Fred G. damit zufrieden sein können:

Die Bankgeschäfte liefen dank der tüchtigen Angestellten vorzüglich, das Bankhaus war bekannt, und der andere Teilhaber machte keine Schwierigkeiten. Doch dem neuen Mehrheitsinhaber gefiel nicht, dass neben ihm noch eine andere Person Mitgesellschafter war. Er wollte ganz allein die Bank besitzen und über alles bestimmen, was in diesem Geldhaus zu gesche-

hen habe. Auch die großzügigen Gehälter der Angestellten waren ihm ein Dorn im Auge. Das wollte er irgendwann ändern. Denn warum sollten diese Einkommen der Bediensteten seinen Gewinn schmälern.
Doch vorab wollte er den Mitinhaber loswerden. Denn der würde mit Sicherheit die Angestellten schützen, ihm also bei seinen Sparplänen im Weg stehen.
Also machte er zunächst dem anderen Gesellschafter ein lukratives Angebot:
„Herr Kollege, ich würde Ihnen gern Ihre Anteile an der Bank abkaufen."
„Aber, Herr G., wozu soll das denn gut sein? Ich bereite Ihnen doch nirgendwo Probleme. Die Teilhaberschaft ist ja auch mit Ihrem Vater prächtig gelaufen."
„Mag sein. Aber nun ist eben mein Vater nicht mehr Ihr Gesellschafter, sondern ich bin es. Ich mache Ihnen ein prächtiges Angebot und möchte Sie bitten, es anzunehmen."

Fred G.s Angebot war beachtlich, doch wollte sich der Mitgesellschafter nicht einfach aus der Bank hinausdrängen lassen. Er hatte sich bisher nicht um die laufenden Geschäfte bemüht und sich nur über die jährlich sprudelnden Gewinnanteile gefreut, sonst aber nirgendwo in die Bankabläufe hineingefunkt. Darauf wies er Fred G. immer wieder hin. Doch der ließ nicht locker: Er bot dem Mitteilhaber eine noch höhere Ablösesumme an. Aber auch damit hatte er keinen Erfolg.

Schließlich kam er auf eine andere Masche: Er nahm sich vor, dem Mitgesellschafter im Laufe der Zeit vorzugaukeln, Erfolg und Wert der Bank nähmen immer mehr ab. Dabei kam ihm zugute, dass der andere Teilhaber von Bankwesen, Betriebsabläufen und vor allem auch von Bilanzverstehen keine Ahnung hatte.

Fred G. trieb es mit geradezu bösartiger Hartnäckigkeit so weit, als stünde die Bank irgendwann vor dem drohenden Ruin, vor der Insolvenz:

„Herr Kollege, die Bankgeschäfte laufen inzwischen nicht mehr so großartig wie noch vor paar Jahren."

„Wie kommt das denn? Bisher florierte doch das Geschäft noch großartig."

„Ja bisher. Aber jetzt ist alles anders."

„Und wieso? Das verstehe ich nicht."

„Sehen Sie, die Zinsgeschäfte laufen nicht mehr so wie früher. Dazu hat vor allem die Zinspolitik der Europäischen Zentralbank beigetragen."

„Ja, ja, das ist mir bekannt. Lassen Sie mich darüber nachdenken."

Ziemlich ungehalten fasste sich Fred G. einstweilen in schwer zu ertragender Geduld.

Doch bombardierte er mehrmals monatlich den anderen Gesellschafter, es gehe immer mehr bergab.

Diesem aber kam leider nicht der Gedanke, wieso Fred G. seine Anteile denn wohl kaufen wolle, wo die Bank doch angeblich bald vor dem Kollaps stehe. Warum soll denn jemand Anteile kaufen, wenn die betreffende Gesellschaft bald nicht mehr

zu retten sein soll?
Aber soweit dachte der Teilhaber nicht. Vielmehr machte die ständige Jammerei und Nörgelei Fred G.s den Mitgesellschafter regelrecht mürbe.
So kam es, dass er entnervt aufgab und seine Anteile an den Hauptteilhaber verkaufte, – und zwar zu einem Preis, der weit unter dem tatsächlichen Wert lag.

Kaum war Fred G. der alleinige Eigentümer seines Bankhauses, als er schon sogenannte andere Saiten aufzog:
Als Erstes teilte er allen Angestellten mit, nun sei er zu hundert Prozent Inhaber der Bank, also der einzige Chef. Und deshalb sei er auch der einzige Direktor dieses Geldinstituts, und jeder Bedienstete habe ihn auch so anzureden. Aber das machte den Angestellten nichts aus.
Eher störte die Beschäftigten etwas Anderes, das sich im Laufe der Zeit herumsprach. Und das war so:
An einem der nächsten Tage bestellte Fred G. den Prokuristen der Bank, Hermann O., zu sich, um mit ihm eine höchst vertrauliche und ziemlich anrüchige Sache zu erörtern. Hermann O. war ein grundsolider Angestellter, den noch Fred G.s Vater als Prokuristen – und damit als eine Art Geschäftsführer – eingesetzt hatte. Mit dem wollte Fred G. insgeheim eine ganz heiße Angelegenheit durchsprechen:
„Herr O., wir müssen uns einmal etwas ganz Vertrauliches vornehmen. Es ist das Thema: Steuern auf unsere Gewinne."
„Ja, das ist doch sehr schön, dass unsere Bank trotz der niedrigen Zinsen sonst in der EU immer noch satte Gewinne ab-

wirft."
„Ja, ja, Herr O., das weiß ich. Aber darum geht es doch überhaupt nicht. Es geht vielmehr um die Steuern auf diese Gewinne. Wie können wir das irgendwie umgehen?"
Jetzt dämmerte es dem Prokuristen, was sein Chef eigentlich vorhatte: Er wollte die Gewinne in ein Land umleiten, in dem entweder nur geringe oder gar keine Steuern auf Gewinne und Einkommen gezahlt werden mussten.
„Aber, Herr G., Entschuldigung, Herr Direktor, Sie meinen sogenannte Steueroasen."
„Genau, Herr O., Steueroasen. Was halten Sie davon?"
„Ehrlich gesagt – nichts, denn so etwas ist nicht in Ordnung und kann durchaus strafbar sein."
„Papperlapapp! Nicht in Ordnung! Wenn mir der Staat jede Menge Steuern abverlangt, ist das ebenfalls nicht in Ordnung."
„Aber unsere Bank profitiert doch auch von den Einrichtungen des Staates. Denken Sie nur an Straßen, Krankenhäuser, Schulen, Polizei, Sicherheit, öffentliche Ordnung und so weiter."
„Davon kann ich mir aber nichts kaufen. Ich denke nur daran, wie viel Geld mir das Finanzamt von den satten Gewinnen wegnimmt. Und was macht der Staat damit? Er finanziert Menschen, Einrichtungen und Bürokraten, die sich großenteils für uns als Belastungen erweisen, aber sonst nichts bringen."
Hermann O. schüttelte seinen Kopf:
„Herr Direktor, Ihr Vorhaben ist höchst bedenklich. Und wenn das herauskommt ..."
„Ach was, was soll denn dabei herauskommen?"
„Wie haben Sie sich denn das im Einzelnen vorgestellt?"

„Ich möchte den Zentralsitz unserer Bank in eine solche Oase verlegen, und Sie sollen mir dabei helfen."
„Das kann ich nicht, Herr Direktor, das kann ich nicht."
„Ja, dann kann ich Ihnen nur empfehlen, sich bald in den Vorruhestand zu begeben."

Prokurist Hermann O. sah seinen Chef mit großen Augen an:
„Sie wollen mich rauswerfen, der ich ein Leben lang für Ihr Bankhaus gearbeitet habe und bei Ihrem Vater in hohen Ehren stand?"
„Nun ist aber mein Vater nicht mehr Ihr Chef, sondern ich bin es."
Der in Ehren ergraute leitende Bankangestellte erhob sich mit trauriger Miene und verließ das Büro seines Chefs. Zu Hause erkundigte er sich nach den Möglichkeiten eines Vorruhestandes. Dabei teilte man ihm mit, dass er tatsächlich in den sicheren Vorruhestand mit ordentlichen Bezügen gelangen könne, wenn er aus seiner bisherigen Beschäftigung ausscheiden müsse. Das bestätigte ihm sein Chef selbstverständlich mit großer Genugtuung.
Damit waren beide Seiten zufrieden. Als Direktor G. dem ausscheidenden Prokuristen noch eine große Verabschiedung ausrichten lassen wollte, verzichtete Hermann O. darauf und verließ die Bank als aufrechter Ehrenmann.

Direktor G. suchte dann unter den Angestellten nach einem neuen Prokuristen und fand ihn auch in einem ausgesprochenen Scharfmacher: Ralf K.

Mit ihm heckte er aus, wie man künftig möglichst wenig Steuern zu zahlen hätte:
„Herr K., wie könnten Sie sich denn vorstellen, dass wir so ziemlich an den leidigen Steuern vorbeikommen?"
„Ganz einfach, Herr Direktor, indem wir den Firmensitz verlegen."
„Und wohin?"
„Ja, eventuell auf die Kanalinseln."
„Gut, dann erkundigen Sie sich mal genau, wie das gehen könnte."
„Wird gemacht, Herr Direktor."

In den nächsten Tagen war Ralf K. nur noch mit Nachforschungen im Internet und mit vielen Telefonaten beschäftigt. Ursprünglich hatte er auch andere Bankangestellte mit einspannen wollen. Doch dann erschien ihm das zu gewagt, denn man wusste ja nie, ob von dieser *verschwörerischen Aktion* nicht irgendwelche Geheimnisse nach außen gelangen würden. Er wusste sehr wohl, dass seine und des Direktors Unternehmungen nicht so ganz sauber waren. Und im Zweifelsfall wollte er immer mit der berühmten weißen Weste dastehen und seinen Chef möglichst in Schutz nehmen.
Aber auch ohne fremde Hilfe kam er zurecht und erfuhr zum Teil ganz Abenteuerliches. Und das teilte er bald darauf seinem Chef mit:
„Also, Herr Direktor, Ihrem Wunsch entsprechend habe ich mich in die Sache hineingekniet und dabei manch eigenartige Dinge herausgefunden."

„Und? Na, was denn?“, wollte Direktor Fred G. ganz ungeduldig wissen.
„So ganz einfach ist das Vorhaben nicht.“
„Wieso denn nicht?“
„Nun, bei einer vorgesehenen und tatsächlichen Verlagerung des Unternehmenssitzes muss der Inhaber dort über ein halbes Jahr wohnen, und das auch nachweislich.“
„Was soll denn so ein Blödsinn? Soll ich dann auf einer dieser Inseln residieren und mir eine teure Wohnung nehmen? Und was geschieht in der Zeit hier am eigentlichen Firmensitz? Nein, nein, das geht nicht. Gibt es denn nicht doch so ein Schlupfloch?“
„Das gibt es. Aber es ist nicht so ganz einfach.“
„Wieso denn? Die großen Unternehmen vor allem aus Amerika machen es doch auch so. Also, Herr K., haben Sie denn nichts Brauchbares gefunden?“
„Doch, Herr Direktor. Aber dann müssten Sie unsere Bank in eine Aktiengesellschaft oder eine GmbH umwandeln oder umwandeln lassen.“
„Na und? Das geht doch. Ich bin ja inzwischen alleiniger Inhaber.“
„Eine solche Gesellschaft müsste dann auf einer solchen Insel amtlich gemeldet werden, und zwar möglichst als so was wie eine Holding.“
„Sie meinen, so eine Art Briefkastenfirma?“ Hier musste der Bankier ausgiebig lachen.
„In diese Richtung könnte es gehen. Aber das reicht nicht. Denn an diesem neuen Pro-forma-Firmensitz muss es einen

Bevollmächtigten geben, der für das Unternehmen Ansprechpartner ist."
„Da wird sich doch – etwa auf der Insel Guernsey – eine Figur finden lassen, die so eine Art Strohmann ist."
„Ja, und so ein Strohmann hält die Hand auf und will ordentlich verdienen."
„Was? So ein simpler Mensch auf einer dieser Inseln will sich auch noch die Taschen füllen?"
„Und zwar nicht zu knapp! Denn es müsste möglichst ein Jurist, also etwa ein Rechtsanwalt, sein. Solche Leute wissen aber, welchen Wert sie haben."
„Gut. Aber dadurch spart man doch wohl hoffentlich hier bei uns eine Menge Steuern?"
„Möglicherweise. Doch auch dadurch ist es immer noch nicht so ganz einfach. Denn wir müssen uns auf eine Menge Bürokratie und viele Formalismen einstellen."
„Na, und wenn schon, das ziehen wir durch. Also, Herr K., gehen Sie ran. Es soll Ihr Schaden nicht sein."
„Danke, Herr Direktor, Sie können sich auf mich verlassen."

Nach einigen Tagen, in denen der neue Prokurist alle Register zog, um das zweifelhafte Vorhaben vorzubereiten, kam der Bankier wieder auf eine neue Idee, um Geld zu sparen, wozu Ralf K., der Neue, wieder beitragen sollte:
„Sagen Sie mal, Herr K., mir kam da ein Gedanke, wie man woanders auch noch Geld sparen könnte. Was halten Sie davon, dass wir auch bei unseren Angestellten etwas kürzer treten könnten?"

„Aber, Herr Direktor, bedeutet das, auch ich bekomme weniger?“
„Herr K., Sie doch nicht. Sie bekommen Ihren Bonus, Ihre Sondervergütung, und natürlich Ihr Prokuristen-Gehalt. Aber bei den anderen Angestellten könnte man doch wohl sparen.“
„Sicher, Herr Direktor. Ich fürchte nur, dass der Betriebsrat da nicht mitmacht.“
„Betriebsrat, Betriebsrat! Diese Leute mischen sich in alles und streuen überall nur Sand ins Getriebe. Könnten Sie denn nicht mit denen reden und ihnen das Ganze schmackhaft machen?“
„Aber wie denn?“
„Indem Sie etwa dem Vorsitzenden im Fall der Zustimmung Extravergütungen in Aussicht stellen. Aber das darf auf gar keinen Fall allgemein bekannt werden.“
„O. k., Chef. Ich werde mein Möglichstes versuchen.“

Und das tat er auch. Er versuchte es also beim Vorsitzenden. Der würde bei den Vergütungen gesondert bedacht, und dafür solle er seine Kollegen aus dem Betriebsrat *„auf Linie“* bringen.

Mit derartigen schrägen Methoden wollte Direktor Fred G. überall Geld sparen, und dazu war ihm kein Mittel zu schlecht. Hauptsache: Seine Raffgier hatte Erfolg.
Und das ausgerechnet zu einem Zeitpunkt, als die Bank glänzende Gewinne einfuhr.

Doch dann kam alles ganz anders:
In einer der nächsten Nächte hatte er einen schlimmen Albtraum. Er träumte, auf ihm lägen mehrere äußerst schwere Geldkoffer, sodass er kaum zu atmen vermochte. Fred G. merkte, dass er so gut wie keine Luft bekam. Von diesem Albtraum wachte er auf und war schweißgebadet. Er richtete sich im Bett auf und versuchte, diesen schrecklichen Traum gleichsam abzuschütteln. Aber es gelang ihm nicht, er musste immer wieder an die schweren Geldkoffer denken, die ihm beinahe die Luft abgeschnürt hatten.
Ganz verwirrt stand er aus dem Bett auf und ging im Zimmer auf und ab. Dabei fiel irgendwann sein Blick auf ein Foto mit seinen Eltern. Besonders die Aufnahme mit seiner Mutter zog ihn an, sodass er es unverwandt anschaute.

Wie es weiterging, berichtete er zu einem späteren Zeitpunkt:
In meiner unglaublichen Verwirrung nach dem furchtbaren Albtraum und bei meinem Rundgang durch mein Schlafzimmer blieb ich auf dem Foto mit meinen Eltern hängen, und hier zog mich die Aufnahme mit meiner Mutter ganz besonders an. Auf einmal hatte ich den Eindruck, dass meine Mutter aus der Aufnahme hervortrat.
Sie wuchs gleichsam aus dem Bild heraus. Ich traute meinen Augen nicht: Wie war denn so etwas möglich? Sie wurde immer größer, obwohl die Abbildung auf dem Foto nur Porträtgröße hatte. Und dann stand sie in normaler Leibesgröße vor mir.
Ja, tatsächlich, das war meine Mutter! Sofort kam mir der Ge-

danke, ich träumte immer noch. Doch da sah ich, wie ich mich im Zimmer bewegte. Also war ich ja wach. Ich kniff mich im Gesicht und spürte den Schmerz. Also war ich hellwach. Meine Mutter in regelrechter Leibesgröße war stehen geblieben. Deshalb ging ich auf sie zu, bis ich vor ihr stand, als würde sie noch leben.

Was war denn nur in mich gefahren? War das eine Halluzination, eine Sinnestäuschung?

Doch da begann meine Mutter zu sprechen. Als ob sie erkannt hätte, dass ich an ihrer Erscheinung zweifeln würde, ging sie direkt auf mein Misstrauen ein:

„Ich bin es wirklich, Fred, Deine Mutter und keine Täuschung. Du siehst mich tatsächlich vor Dir."

„Aber, Mama, Du bist doch schon seit Jahren tot. Und dann stehst Du auf einmal leibhaftig vor mir? Das kann doch kein Mensch verstehen."

„Ja, Fred, wer nur in irdischen Maßstäben denkt, kann es nicht verstehen."

„Und wie kommt es, dass ich Dich nun trotzdem sehe? Du siehst doch aus wie in früheren Zeiten."

„Natürlich, warum denn auch nicht?"

„Also, da bin ich sprachlos."

„Das brauchst Du nicht zu sein. Für irdische Verhältnisse bin ich tatsächlich tot. Aber Leben und Tod auf der Erde sind ja nicht alles."

„Und wieso nicht?"

„Weil Geist und Seele eines Menschen in der jenseitigen Welt weiterleben."

„Jenseitige Welt? Was ist das denn?“

„Sieh mal, Fred, nach dem Tod auf der Erde verfällt nur das am Menschen, was sterblich ist. Der Mensch besteht aber aus weit mehr, als nur seinem Körper. Der Körper verfällt nach dem Tod. Geist und Seele aber leben in der jenseitigen Welt oder besser: in der jenseitigen Existenz weiter. Sie können nicht vergehen.“

„Und was ist das für ein Weiterleben nach dem Tod?“

„Das Leben im Jenseits ist viel vollkommener als das Leben im sogenannten Diesseits. Aber das gilt nur für solche Menschen, die sich auf Erden als Menschen – und eben als Menschen – erwiesen haben.“

„Was soll das denn nun wieder heißen?“

„Wer als Übeltäter oder Halsabschneider gelebt hat, wird im Jenseits nicht in der Vollkommenheit existieren können, die für gute Menschen gilt.“

„Mama, was willst Du denn damit sagen?“

„Dass Du auf dem besten Weg bist, so ein Übeltäter zu sein oder zu werden.“

„Aber, Mama, wieso das denn?“

„Was Du mit der Bank und den Angestellten vorhast, ist eine ganz üble Sache.“

„Woher weißt Du das denn?“

„Wir im Jenseits werden nicht mehr vom Körper abgeschirmt. Deshalb können wir mühelos nicht nur in Vergangenheit und Gegenwart schauen, sondern auch in die Zukunft. Wir sehen, was künftig geschieht.“

„Und dann hast Du erkannt, was ich zu tun beabsichtige?“

„Ja, Fred, das habe ich gesehen. Ich sehe sogar noch mehr: Ich erkenne auch, was mit Dir und Deiner Bank passieren würde, wenn Du Dein Vorhaben in die Tat umsetzt."

„Das ist ja ungeheuerlich. Das alles kannst Du erkennen?"

„Ja, alles haargenau."

„Und was wäre das?"

„Da gibt es so einiges. Zunächst würde die Sache mit sogenannten Steueroasen total danebengehen. Du würdest dabei erwischt und dann in hohem Maß bestraft werden. Wohl nicht sofort, aber bald darauf. Und was Du zunächst steuerlich sparen würdest, käme dann als hohe Geldstrafe auf Dich zu, wenn das reicht."

„Was heißt denn hier: wenn das reicht?"

„Eine eventuelle Gefängnisstrafe wäre auch nicht ausgeschlossen."

„Das wäre ja fürchterlich."

„In der Tat. Aber nun weiter: Was Du sonst noch mit den Angestellten vorhast, würde Dir in hohem Maß schaden. Denn mit solchen Sparmethoden nimmst Du den Bediensteten das Motiv, sich für die Bank zu engagieren. Den Misserfolg würdest Du sehr bald spüren."

„Mama, Du machst mir ja richtig Angst."

„Nein, mein Junge. Nicht ich mache Dir Angst, ***sondern Du mir.“***

„Das musst Du mir aber erklären."

„Fred, haben wir Dich nicht zu einem anständigen und seriösen Menschen erzogen? Und wie widerlich hast Du Dich inzwischen entwickelt?"

„Aber ein großes Bankhaus muss eben eine straffe Führung haben, die auch darauf achtet, dass unnötige Geldausgaben vermieden werden."

„Dein Vater hat diese Bank erst groß gemacht. Aber er war stets ein aufrechter Mann, ehrlich, seriös und großzügig."

„Das war zu seiner Zeit. Doch heute herrschen andere Zeiten."

„Die Bank verdient doch gut. Was willst Du denn noch mehr?"

„Ja, so soll es auch bleiben."

„Das wird es auch, aber auf seriöse Art und Weise. Denk an Deinen Vater. – Und dann ist da noch etwas: Den anderen Teilhaber hast Du ganz schäbig und in der übelsten Art hinausgedrängt. Du hast ihn unter dem wirklichen Wert seiner Anteile ausgezahlt. Ich erwarte, dass Du ihm noch eine anständige weitere Auszahlung gewährst. Behandle ihn so, wie auch Du gern behandelt sein würdest."

„Mama, ich werde es überdenken."

„Nicht nur überdenken, sondern auch menschlich handeln. Das erwarte ich von Dir. Dein Papa übrigens auch!"

Nach diesem Gespräch mit meiner Mama war ich völlig verdattert. Ich musste den ganzen Tag darüber nachdenken, ebenso die folgenden Tage. Was sollte ich nur tun?

Und dann ertappte ich mich dabei, wie ich mit mir selbst zurate ging, den Wünschen meiner Mutter nachzukommen.

Und das tat er dann auch tatsächlich:

Zunächst bat er den Prokuristen, das Vorhaben mit der sogenannten Briefkastenfirma zu beenden. Der hielt dieses neuerliche Ansinnen seines Chefs für unklug und äußerte eine Menge Bedenken. Doch sein Direktor ließ nicht locker. Weiterhin blies Bankier Fred G. auch die beabsichtigten Kürzungen der Jahresvergütungen für die Bankangestellten ab, ebenso die Gespräche des Prokuristen mit dem Vorsitzenden des Betriebsrates.

Der neue Prokurist hielt das alles nicht für sinnvoll. Doch er gehorchte.

Schließlich bat der Bankdirektor den früheren Teilhaber noch einmal in sein Büro und eröffnete ihm seine Absicht: Er sollte noch einen zusätzlichen Geldbetrag für die dem jetzigen Chef überlassenen Anteile erhalten. Der frühere Teilhaber schaute Fred G. ganz ungläubig an, freute sich aber natürlich über den zusätzlichen ganz ansehnlichen Geldbetrag. Warum sollte er denn auch nicht?

Und wie ging es weiter?

Dank des hochengagierten Einsatzes aller Angestellten, der nun einsetzenden harmonischeren Führung der Bank und der umsichtigen Erweiterung der Bankangebote auf weitere Betätigungsfelder florierte die Bank enorm und machte glänzende Gewinne.

Wohl wurden die Ausgaben kontrolliert und so gering wie möglich gehalten, jedoch in menschlich vertretbarem Rahmen – und zwar ohne schräge und verwerfliche Methoden.

HEILENDER TROST FÜR EINE KREBSKRANKE

Ursprünglich war sie sehr glücklich: Ilse N. war Oberkommissarin bei der Kriminalpolizei und mit ihrem Beruf trotz der zuweilen ungünstigen Einsatzzeiten sehr zufrieden. Bei der Kripo war auch Peter, ihr herzensguter Mann, beschäftigt. Sie hatten zwei Kinder, einen achtjährigen Sohn und eine sechsjährige Tochter. Ihre ganze Familie wohnte im geräumigen Haus ihrer Mutter, in das sie nach dem Tod ihres Vaters gezogen waren, schon allein, damit ihre Mutter im Alter nicht allein sei. Das große Haus hatte ihr Vater gebaut. Er war ein tüchtiger und überaus rühriger Maurer gewesen. Tagsüber arbeitete er auf dem Bau bei einem Bauunternehmer, und zuweilen half er auch noch am Abend so manchem Bekannten beim Hausbau. So hatte er auch für seine eigene Familie ein beachtliches Haus geschaffen.
Leider zehrte diese Emsigkeit auch an seiner Gesundheit: Vorzeitig hatte ihn das große Rackern am Bau verbraucht. Und so wurde er nicht alt, doch seine Leistungen hatten ihn überzeugt.

Diese Einstellung zu Arbeit und Leistung hatte auch Ilse, seine Tochter, geerbt: Sie war in ihrem Beruf tüchtig und allseits geachtet. Deshalb hatte sie es auch schon in verhältnismäßig jungen Jahren zur Oberkommissarin gebracht.

Also eigentlich hätte sie mit ihrer Familie und in ihrem Beruf glücklich sein können, – eigentlich!
Aber da hatte irgendwann ihr Frauenarzt in ihrer linken Brust

einen Knoten ertastet. Bei einer anschließenden Computeruntersuchung, also einer Mammografie, erwies sich diese Geschwulst als bösartig. Deshalb erfolgte eine umgehende Operation, in der der Knoten und das umgebende Gewebe entfernt wurden. Teile von dem chirurgisch Entfernten gingen zur Untersuchung an ein Speziallabor.

Ganz gespannt wartete Ilse N. auf das Ergebnis, das ihr dann der Chefarzt der chirurgischen Abteilung dieses Krankenhauses wenige Wochen später erklärte:

„Ja, Frau N., ich habe zwei Nachrichten für Sie: Es ist zwar zunächst eine weniger gute, dann aber auch eine ziemlich gute, also zuerst die problematische: Der Knoten und das Gewebe in Ihrer linken Brust sind nicht gutartig. Das hatte ich auch schon sehr stark vermutet."

„Gut, Herr Doktor, und wie lautet die gute Nachricht?"

„Ja, Frau N., bis jetzt hat diese Wucherung keine Metastasen, also Streuungen, im Körper verbreitet."

„Und was heißt das im Einzelnen?"

„Das bedeutet, dass höchstwahrscheinlich mit der Operation der gesamte Krankheitsherd entfernt ist und mit Sicherheit auch nicht mehr auftritt."

„Sie meinen, damit bin ich diese schlimme Krankheit los oder?"

„Sehr wahrscheinlich ist es so. Aber zur Absicherung halte ich es doch für geraten, auch unseren Onkologen, also Krebsarzt, zur Begutachtung und Kontrolle mit einzuschalten. Oder haben Sie was dagegen?"

„Natürlich nicht, Herr Doktor, was sein muss, das muss sein."

So kam es, dass Ilse N. schon bald einen Termin beim Krebsarzt des gleichen Krankenhauses erhielt, den sie dann auch wahrnahm.
Bei der vorgesehenen Sprechstunde hatte der Onkologe sämtliche Berichte der Patientin N. vorliegen, die er dann eingehend mit ihr erörterte:
„Also, Frau N., die Operation war ja zum Glück erfolgreich. Aber wir müssen alles tun, dass kein Rückfall eintritt und möglicherweise doch noch eine Metastasierung droht. Deshalb empfehle ich vorsichtshalber eine Chemotherapie."
„Davon habe ich schon mal gehört. Aber muss das denn sein?"
„Natürlich kann ich das nur dringend anraten. Doch ist es Ihre Entscheidung."
„Aber der Befund der Untersuchung des befallenen Gewebes hat doch ergeben, dass keine Streuung vorliegt."
„Zum gegenwärtigen Zeitpunkt. Doch was ist, wenn irgendwann doch zumindest ganz kleine Metastasen entstehen?"
„Ja, wenn Sie meinen, Herr Doktor."
Also unterzog sich Ilse N. der regelmäßigen Chemotherapie.
Nach jeder Chemo ging es ihr furchtbar schlecht. Schließlich fielen ihr auch noch die Haare aus.
Zunächst ertrug sie diese Therapie geduldig. Aber irgendwann war sie es leid. Sie teilte dem Onkologen mit, dass sie mit der Chemo aufhören wolle:
„Herr Doktor, mir geht es nach jeder Therapie furchtbar schlecht. Ich möchte gern damit aufhören. Geht das denn nicht?"
„Dann sollten wir noch mal eine Gewebeprobe in ein Spezial-

labor einsenden, um zu erfahren, wie es mit der Streuungsgefahr steht."
„Damit bin ich einverstanden."

Also wurde ihr eine entsprechende Probe entnommen und zur speziellen Untersuchung eingeschickt.
Zwei Wochen später war das Ergebnis da. Der Onkologe machte ein sehr ernstes Gesicht, als er den Befund bekannt gab:
„Ja, Frau N., das hätte ich Ihnen gern erspart: Der Befund ist nicht günstig. Es haben sich inzwischen Mikro-, also ganz kleine Metastasen gebildet, leider. Also müssen wir die Dosierung der Chemotherapie erhöhen. Und das nach Möglichkeit auch stationär."

Ilse N. fühlte sich wie mit einem Hammer vor den Kopf geschlagen. Sie war am Boden zerstört. Doch vor Antritt dieser furchtbaren Therapie wollte sie noch mit ihrem Mann sprechen, um auch seine Meinung zu hören.
„Peter, das Ergebnis des Untersuchungsbefundes ist entsetzlich."
„Aber wie kann das denn möglich sein? Der erste Befund hat doch ergeben, dass es keine Streuungen gibt."
„Ja, und der neueste Befund zeigt ganz kleine Metastasen. Und aus kleinen können irgendwann große werden."
„Das wäre doch ganz furchtbar. Was hat denn der Arzt dagegen empfohlen?"
„Ich soll noch eine größere Chemo bekommen, und das möglichst auch noch stationär."

„Ja, Ilse, wenn es aber sein muss. Deine Gesundheit hat doch Vorrang. Das ist für uns das Allerwichtigste, dass Du wieder gesund wirst."
„Du meinst, ich soll diese furchtbare Therapie auf mich nehmen?"
„Wenn es nicht anders geht, dann musst Du da durch."
„Und Du und die Kinder? Kommt Ihr denn allein zurecht?"
„Wir müssen es. Zum Glück ist ja Deine Mutter da. Sie hilft uns gern. Und das macht sie ausgezeichnet."
„Wenn Du meinst. Ich mache es, auch wenn ich keine große Hoffnung mehr habe."
„Ilse, Kopf hoch! Es geht nicht anders. Wir kommen selbstverständlich regelmäßig zu Dir und stehen Dir in Deiner schlimmen Zeit bei."

Also willigte Ilse N. ein in die stationäre Therapie, deren Dosierung allmählich erhöht wurde. Sie fühlte sich inzwischen noch viel schrecklicher als bei der vorherigen Chemo. Eine ambulante Therapie hätte sie nicht aushalten können. Deshalb blieb sie immer einige Tage im Krankenhaus. Sie hatte auch darum gebeten, möglichst ein Einzelzimmer zu haben. Mehrere Mitpatienten hätte sie nicht ertragen können.

Ihre Familie – ihr Mann, ihre Kinder und ihre betagte Mutter – besuchten sie regelmäßig und litten mit ihr in ihrem Leid und Schmerz.
Es erfüllte sie immer wieder mit Grauen, wenn sie an diese unerbittliche Chemotherapie dachte, und erst recht packte sie

Übelkeit, wenn sie sich dieser Therapie unterzog.
Am liebsten hätte sie auch diesmal alles abgebrochen, doch ihre Familie, vor allem ihr Mann, redete auf sie ein, nur ja nicht die Chemo abzubrechen.
Also ertrug sie sie mit Widerwillen, zugleich aber auch tapfer und geduldig.
Doch dann stumpfte sie dabei ab und wurde völlig apathisch. Sie war irgendwann fast überhaupt nicht mehr ansprechbar. Das merkte auch bald ihre Familie und konnte sie kaum noch richtig aufmuntern. Sie lächelte bei den gut gemeinten Worten, aber man merkte, dass bei ihr der Lebensmut immer mehr abnahm. Innerlich war sie allmählich so weit, dass sie sich wünschte, es möge doch alles bald vorbei sein.
So lag sie eines Abends wieder ganz apathisch da. Das Abendessen hatte sie abermals nicht angerührt. Es war ihr sterbenselend: Wach sein mochte sie nicht, schlafen konnte sie nicht. Was hatte es denn noch für einen Sinn, zu leben – mit Qualen und Schmerzen?

Wie sie da so vor sich hindämmerte, war es ihr auf einmal, als ob jemand mit ihr spräche. Sie wurde darauf aufmerksam und versuchte, den Kopf in die Richtung zu drehen, woher die fremde Stimme kam.
Und da sah sie jemand auf sich zukommen.
Wie es weiterging, berichtete sie später wie folgt:

Als ich mich mühsam umgedreht hatte, sah ich jemanden auf mich zukommen. Zunächst erkannte ich diese Person nicht.

Aber indem sie näherkam, erinnerte ich mich: Das war ja mein Vater. Mein Vater? Wie war das denn möglich? Er war doch schon so lange tot, und jetzt kam er auf mich zu.

„Bist Du es, Papa?"

„Ja, Ilse, ich bin es, Dein Vater."

„Aber Du bist doch schon lange tot."

„Für irdische Verhältnisse ja. Aber nicht in Wirklichkeit."

„Was verstehst Du denn unter ‚Wirklichkeit'?"

„Die Tatsache, zu leben. Ich lebe nämlich weiter, natürlich nicht im irdischen Leben, sondern in einer anderen Welt."

„In einer anderen Welt? Das verstehe ich nicht."

„Es ist auch sehr schwer zu begreifen. Mein Körper ist zwar tot. Doch gibt es daneben auch noch den Geist und die Seele."

„Du meinst das, womit man denken und fühlen kann?"

„Ja, und womit man etwas wollen oder ablehnen kann."

„Ist das denn nicht alles eins, Körper und Geist?"

„Zu Lebzeiten auf der Erde gehören sie zusammen. Beim Tod des Körpers sterben Geist und Seele aber nicht mit. Sie existieren weiter."

„Wo denn?"

„In einer anderen Welt – im sogenannten Jenseits. Aber eigentlich ist das kein Raum im irdischen Sinn, sondern mehr eine Art von Zustand, den man nach irdischem Verständnis kaum verstehen kann."

„Und in so einer Welt lebst Du weiter?"

„Ja, und in dieser Welt – fast würde ich sagen: da drüben – fühle ich mich wohl. Es geht mir gut. Denn im irdischen Leben habe ich mich auch immer bemüht, seriös und anständig zu

sein.“

„Und was ist mit Menschen, die nicht gerade – wie Du sagst – seriös und anständig gelebt haben?“

„Die existieren getrennt von uns und unserer glücklichen Gemeinschaft.“

„Dann möchte ich auch bald in Eure glückliche Gemeinschaft kommen.“

„Warum hast Du denn diesen eigenartigen Wunsch?“

„Weil ich die Qualen und Schmerzen hier bei der abscheulichen Therapie leid bin. Immer wenn ich hier in diesem Krankenhaus die Chemo ertragen muss, geht es mir furchtbar. Wenn ich wach bin, habe ich Schmerzen, und richtig schlafen kann ich auch kaum. Es ist alles so schrecklich.“

„Und deshalb hast Du auch das Leben satt?“

„Ja, ja, ja.“

„Ilse, gerade deshalb bin ich hergekommen, um Dich zu trösten.“

„Papa, das ist aber ein ganz schwacher Trost. Auch mein Mann, die beiden Kinder und Mama trösten mich jeden Tag. Das ist lieb von ihnen und auch von Dir. Das hilft mir aber nicht weiter.“

„Ich weiß es, Ilse. Aber ich will Dich nicht nur trösten, sondern Dir auch wirklich helfen.“

„Und wie soll das geschehen?“

„Ganz einfach, indem ich Dir sage, dass diese schmerzvolle Therapie beendet werden soll.“

„Das geht aber nicht so einfach. Denn da gibt es doch noch die Streuungen, die Metastasen. Soll ich denn wieder einen Rück-

fall in einen Krebstumor bekommen?"
„Den wirst Du nicht bekommen. Es gibt auch keinerlei Metastasen, auch nicht die geringsten Streuungen, selbst wenn es sie in geringem Maß mal gegeben hat. Du bist geheilt."
„Und das sagst Du mir so einfach daher? Woher weißt Du das denn überhaupt? Du bist doch Maurer gewesen, aber kein Arzt."
„Und das bin ich gern gewesen. Doch jetzt zu Dir. Du bist gesund. Und woher ich das weiß? Wir im Jenseits haben einen weiten Blick – nicht nur in die früheren Zeiten, sondern vor allem auch in die Zukunft. Deshalb weiß ich auch, wie es mit Dir weitergehen soll."
„Und wie soll es mit mir weitergehen?"
„Du sagst morgen früh dem Krebsarzt, Du möchtest die Chemo beenden, und er möchte umgehend eine neue Gewebeprobe an ein anderes Speziallabor schicken."
„Und das soll ich alles so aus dem hohlen Bauch verlangen? Der zweifelt doch an meinem Verstand."
„Das tut er nicht. Übrigens hat dieser Arzt ein wenig stark übertrieben. Aber jetzt reicht es. Du bleibst für alle Fälle im Krankenhaus, aber ohne diese Tortur. Du wirst sehen, alles wird gut. Du musst doch weiterhin am Leben bleiben. Du hast ja einen Mann und zwei liebe Kinder und außerdem Deine Mama. Und was hältst Du denn auch noch von einem weiteren gesunden Enkel für mich als jenseitigen Opa?"
„Waaas, Papa? Das ist doch unglaublich."
„Nein, unglaublich nicht, denn das wird tatsächlich so eintreffen. Freu Dich doch darüber. Und nun alles Gute!"

Mit dieser Äußerung nahm mein Papa von mir Abschied. Ich sah ihn nämlich nicht mehr.

Vor ungläubigem Staunen muss ich wohl einen weit offenen Mund gehabt haben. Darauf reagierte mein Vater aber nicht mehr, denn mit seiner letzten Bemerkung verschwand er aus meinem Blickfeld: Ich konnte ihn nicht mehr sehen.
Die ganze Nacht über konnte ich kaum schlafen, weniger wegen meiner Schmerzen, als vielmehr weil ich über das Erlebnis mit meinem verstorbenen Vater nachdachte oder besser: nachgrübelte.
Was mir mein Vater alles gesagt hatte, das konnte doch unmöglich stimmen. Wie sollte denn alles nun weitergehen?
Schließlich kam ich zu dem Schluss: Ich will es halt eben mal versuchen. Vielleicht hatte mein Vater ja irgendwo recht. Und das wollte ich ganz einfach ausprobieren.

Am Morgen forderte ich die Pflegerin auf, mit der Chemo aufzuhören. Das könne sie nur auf Weisung des Onkologen tun, erklärte sie dazu. Dann möge sie diesen eben informieren. Kopfschüttelnd ging sie aus meinem Zimmer, und irgendwann kam dann auch der Krebsarzt und war ziemlich ungehalten:
„Frau N., Sie können doch nicht einfach die Chemotherapie abbrechen. Das geht nicht.“
„Dann entnehmen Sie eben eine neue Gewebeprobe und senden sie diese an ein anderes Speziallabor.“
Der Onkologe blickte mich an, als wäre ich nicht ganz bei Trost. Doch ich blieb bei meinem Verlangen, sodass er endlich

widerwillig nachgab. Auch blieb ich „für alle Fälle" auch weiterhin im Krankenhaus.
Nach einer Woche kam dann der Befund: Keinerlei Tumor und auch keine Metastasen, auch nicht die kleinsten Streuungen.
Jetzt war es am Facharzt für Onkologie zu staunen:
„Das ist doch unglaublich. Vor kurzer Zeit zeigte der Befund doch noch eindeutig zumindest kleinste Metastasen. Und jetzt ist nichts mehr zu erkennen."
„Vielleicht hat die Chemotherapie das bewirkt."
„Das kann ich mir kaum vorstellen. Dafür war sie ja nur von zu kurzer Dauer."
„Und wie ist es, wenn sich das vorherige Labor geirrt hat?"
„Auch das ist unwahrscheinlich. Denn beide Laborinstitute arbeiten eigentlich einwandfrei."
„Wie auch immer – ich bin also sozusagen geheilt."
„Man könnte es so sehen. – Doch eins, Frau N., würde mich brennend interessieren: Wie ist es denn gekommen, dass Sie vor gut einer Woche so ganz entschieden verlangt haben, die Therapie zu beenden oder besser: abzubrechen?"
„Weil mich jemand dazu ermuntert hat."
„Und wer war das?"
„Mein Vater."
„Oh, ist Ihr Vater denn auch Onkologe, also ein Kollege?"
„Nein, Herr Doktor, er ist vielmehr schon seit einigen Jahren tot."

Das Gesicht des Krebsarztes auf diese Äußerung hin werde ich so bald nicht vergessen: Er sah mich an, als wäre ich ein Fall für die Psychiatrie. Er schüttelte mit dem Kopf und schien zu überlegen, ob er mit mir noch weiterreden solle. Doch dann schien er dazu entschlossen zu sein und stellte die Frage:

„Wie ist es denn nur möglich, dass Sie Kontakt zu Ihrem toten Vater hatten?“

„Ja, Herr Doktor, das kann ich Ihnen im Einzelnen auch nicht erklären. Aber es war wirklich so.“

„Gut, dann nehmen wir eben an, dass sie das geträumt haben.“

„Das stimmt nicht. Ich war hellwach und bei vollem Bewusstsein.“

„Und Ihr Vater hat richtig mit Ihnen gesprochen?“

„Ja, er hat mir ganz genau gesagt, wie es mit mir weitergeht, und – dass wir sogar noch ein weiteres Kind bekommen werden.“

„Was? Noch ein weiteres Kind? Also das würde mich nun brennend interessieren, ob das wirklich passiert. So etwas würde ja bedeuten, dass Ihr Vater über seinen Tod hinaus weiter existiert. Bisher war ich nämlich immer ganz fest davon überzeugt, dass mit dem Tod alles aus ist.“

„Nun, Herr Doktor, warten wir es ab. Wir werden ja sehen.“

„Tun Sie mir einen Gefallen und teilen Sie mir mit, wenn es so weit ist. Also das mit dem Kind würde mich ja nun unglaublich interessieren.“

Und so kam es dann auch: Ilse N. verließ das Krankenhaus. Ihre Familie war überaus glücklich und sie erst recht.

Nach einer Reha-Kur konnte sie auch sogar wieder ihren Dienst aufnehmen. Nach einiger Zeit merkte sie tatsächlich, dass sie wieder schwanger war. Sie ließ sich dann nicht nur wegen der Schwangerschaftsvorsorge untersuchen, sondern auch eine Krebskontrolle durchführen. Aber da konnte der Spezialist Entwarnung geben: Ilse N. war und blieb frei von Metastasen.

Nach neun Monaten brachte sie einen gesunden Sohn zur Welt. Jetzt war das Glück der gesamten Familie – ihre betagte Mutter eingeschlossen – ohne Grenzen. Da musste Ilse N. wieder an ihren Vater und seine gesamte Vorhersage denken: Alles war genau so gekommen, wie er es ihr damals im Krankenhaus angekündigt hatte.

Als der ‚neue Erdenbürger' ein paar Monate alt war, ließ sie es sich nicht nehmen, ihn dem Krebsarzt von damals vorzustellen. Auch darüber berichtete sie später:
Der Onkologe schaute uns – meinen jüngsten Sohn und mich – ganz groß an, und nur allmählich dämmerte es ihm, dass er mich ja darum gebeten hatte, ihm zu berichten, wenn ich wieder Nachwuchs bekommen hätte. Ich sagte ihm nur:
„Ja, Herr Doktor, Sie wollten ja Nachricht haben, wenn ich tatsächlich noch ein Kind bekäme. Und jetzt habe ich diesen Nachwuchs eben mitgebracht."

Nun sah mich der Krebsarzt nicht mehr so an, als sei ich ein Fall für einen Psychiater. Vielmehr suchte er offensichtlich

nach Worten, ehe er endlich sagte:
„Also, Frau N., ich bin wirklich sprachlos, und wenn ich sage sprachlos, dann ist da etwas dran. Denn sonst bin ich eben als Facharzt äußerst kritisch, und so schnell haut mich nichts um. Aber jetzt fehlen mir wirklich die Worte."
„Lassen Sie sich nur Zeit, Herr Doktor. Es ist tatsächlich so. Und schauen Sie nur, was das für ein liebes und gesundes Kerlchen ist."
„Also ich weiß gar nicht, was ich dazu sagen soll."
„Ja, das hätten Sie wohl nicht für möglich gehalten."
„Nein, ich hätte an alles gedacht. Nur nicht an so was."
„Dann bezweifeln Sie also nicht mehr, dass mein verstorbener Vater mir damals alles gesagt hat, was ja jetzt eingetroffen ist?"
„Selbst wenn ich auch jetzt noch zweifeln würde, hätten die Tatsachen doch alles widerlegt. Ich hätte als kritischer Mediziner das alles nie für möglich gehalten. Doch jetzt ist es ja tatsächlich so, wie Sie es geschildert haben."
„Ich danke Ihnen, dass Sie das jetzt einsehen und mich nun ernst nehmen."
„Also ernst genommen habe ich Sie auch damals, nur meinte ich, Sie wären Opfer einer Sinnestäuschung geworden."
„Und jetzt erkennen Sie, dass ich das nicht geworden bin. Auf jeden Fall bedanke ich mich ganz herzlich."
„Frau N., auch ich möchte Ihnen Dank sagen, denn Sie haben mir mit dem Erlebten meinen Wissens- und Erkenntnishorizont wesentlich erweitert."

Gerade das Resultat des Schlussgesprächs zwischen Ilse N. und dem Onkologen erweitert auch allgemein den Horizont der Erkenntnis:

Verstorbene können mit Lebenden
in Kontakt treten.
Die betreffenden Lebenden
müssen aber zu diesem Kontakt
bereit sein.

Außerdem beweist das:
Verstorbene leben in einer anderen Welt weiter.
Also hört mit dem Tod
das (geistige) Leben *nicht* auf!

DAS VERBORGENE TESTAMENT

Er hatte eine Riesenbeerdigung: Robert T. war ein beliebter und gefragter Bauunternehmer gewesen: Gegenüber den Bauherren, die ihn mit dem Bau ihrer Häuser beauftragt hatten, war er immer solide und korrekt gewesen. Und für seine Mitarbeiter hatte er stets wie ein Vater gehandelt. Zwar hatte er die Bauleitung einem bewährten und gewissenhaften Polier überlassen, doch hatte er auch immer auf den Baustellen nach Möglichkeit jeden Tag nach dem Rechten gesehen. Und bei der letzten Baubesichtigung war er von einem hohen Gerüst gestürzt:

Irgendein Geländer hatte sich von den Halterpfosten gelöst, sodass sich Robert T. beim Fall nach unten lebensgefährlich verletzt hatte und zwei Tage später im Krankenhaus seinen schweren Verletzungen erlegen war.

Er hinterließ einen erwachsenen Sohn aus erster Ehe und einen sechzehnjährigen Sohn sowie eine vierzehnjährige Tochter aus zweiter Ehe. Nach dem frühen Tod seiner ersten Frau hatte er noch einmal geheiratet.

Marianne, die zweite Frau, war außer sich vor Trauer und Schmerz über den Tod ihres Mannes und wollte sich kaum trösten lassen. Auch die jüngeren Kinder weinten herzzerreißend und ohne Ende.

Der ältere Sohn – aus der früheren Ehe – zeigte kaum irgendwelche Trauer und schien gleichsam nur Krokodils-Tränen zu vergießen.

Durch den frühen Tod seiner Mutter und die starke berufliche

Inanspruchnahme seines Vaters war er sich oft ziemlich selbst überlassen gewesen. Sein Vater hatte sich zwar auch rührend um seinen Ältesten gekümmert, doch war Herbert – wie er hieß – nicht so geraten, wie es sich seine Eltern und vor allem sein Vater gewünscht hatten.
Sein Vater hatte ihn auf dem Bau ausbilden lassen und setzte ihn nach der Ausbildung als eine Art Bauleiter ein. Anfangs ging auch alles gut. Doch im Laufe der Zeit zeigte er weniger Interesse an der Bautätigkeit als vielmehr an alkoholischen Getränken.
Sein Vater ermahnte ihn zunächst. Ohne Erfolg. Dann verwarnte er Herbert, seinen Sohn, mit ziemlicher Strenge. Auch das fruchtete nicht. Sein Sohn war immer unpünktlicher und fast ständig betrunken. Schließlich schloss er ihn von jeglicher Bauleitung aus. Doch ließ er ihn nicht fallen. Herbert wohnte nach wie vor zu Hause, ging aber kaum noch einer geregelten Tätigkeit nach.
Als sein Vater zum zweiten Mal heiratete, zog er aus und nahm sich irgendeine Wohnung in der Stadt. Sein Vater kam auch hier für alle Kosten auf.

Der Bauunternehmer sah mehr und mehr, dass sein Sohn total „aus dem Ruder" lief. Damit dieser möglicherweise später das wertvolle Unternehmen nicht ruinieren könne, sorgte Robert T. schließlich dafür, dass sein Sohn künftig keinen Zugriff mehr auf die Firma haben konnte: Er fand Herbert also mit einer ordentlichen Summe ab und ließ sich von ihm schriftlich – auch mit Zeugen – bestätigen, dass er – Herbert – künftig auf alle

Erbanteile an dem Bauunternehmen verzichtete.

Und nun? Nach der Beerdigung seines Vaters und bereits beim Beerdigungskaffee sprach er – schon nicht mehr ganz nüchtern – seine nominelle Stiefmutter im Hinblick auf das Erbe an:
„Sag mal, Marianne, wer hat denn jetzt die Bauleitung, und was geschieht mit dem Geld?“
Die Angesprochene widerte es an, dass ihr Stiefsohn schon unmittelbar nach der Beisetzung des Vaters auf so eine Frage kam und sagte ihm: „Mit so einer Frage kommst Du jetzt, wo Dein Vater gerade erst vor einigen Minuten beerdigt worden ist? Ich halte das für eine Unverfrorenheit.“
„Das spielt doch alles keine Rolle. Das Leben geht weiter. Da muss doch jetzt ein neuer Chef im Unternehmen dafür sorgen, dass der Betrieb weiterläuft.“
„Der läuft auch weiter, aber ohne Dich. Dafür haben wir im Polier einen ausgezeichneten Bauleiter. Und jetzt möchte ich bei aller Trauer darüber nicht weiterreden.“

Aber schon wenige Tage später wurde der älteste Sohn des Verstorbenen wieder bei der Witwe vorstellig: „Ich bin ja jetzt auch Erbe, und da möchte ich umgehend auch beteiligt werden.“
„Dein Vater hat mir noch zu Lebzeiten gesagt, dass er Dich in voller Anteilshöhe eines möglichen Erbes abgefunden hat und Du damit nichts mehr mit dem Unternehmen zu tun hast.“
„Hast Du das schriftlich?“
„Glaubst Du etwa den Worten Deines eigenen Vaters nicht?“

„Ob ich das glaube oder nicht, spielt hier überhaupt keine Rolle. Wichtig sind Beweise. Und wenn Du die nicht hast, ist alles andere nur sinnloses Gerede. Also will ich als Erbe meinen Anteil haben, und zwar so schnell wie möglich."

„Dann ruinierst Du doch die Firma. Willst Du das?"

„Auch das interessiert mich nicht. Ich will nur meinen Anteil, und zwar in bar, haben."

Die Witwe war außer sich und bekam einen Weinkrampf. Daraufhin behelligte der Stiefsohn sie vorerst nicht weiter. Aber er hatte sich vorgenommen, in wenigen Tagen nachzusetzen. Marianne, die Hinterbliebene, war ratlos und geradezu restlos am Boden zerstört. Was sollte sie jetzt nur machen. Sie musste an die Zukunft ihrer Kinder und auch an die eigene denken. Darüber hinaus durfte auch das Bauunternehmen keinen Schaden nehmen, sonst war die Existenz ihrer Familie und der in der Firma Beschäftigten höchst gefährdet.

In ihrer Not fragte sie alle denkbaren Bekannten. Die aber sagten mal so und mal anders. Mit deren Auskünften und Empfehlungen konnte sie nichts anfangen.

Mit ihrer Not und Verzweiflung saß sie jetzt allein da, ganz allein.

Am späten Abend grübelte und suchte sie trübsinnig und voller Kummer nach einer Lösung, aber es wollte sich keine finden lassen. Sie war ganz allein, nachdem ihre Kinder schlafen gegangen waren.

Sie mochte in dieser furchtbaren Situation wohl eine Stunde lang vor sich hin geweint und getrauert haben. In ihrem Schmerz war sie dabei in eine Art Halbschlummer geraten.

Aber auf einmal wurde sie hellwach. Was war denn das? Sie sah – zuerst verschwommen und dann immer deutlicher – eine Gestalt auf sich zukommen. Zuerst dachte sie, das sei wohl so eine Art Halbtraum, wie man ihn wohl vielleicht im Halbschlummer erleben könne. Doch dann merkte sie, dass sie sich ja gar nicht mehr in einer Art Teilschlaf befand, sondern bei vollem Bewusstsein war. Und weiter erkannte sie, dass diese Gestalt voll und ganz ihrem gerade erst verstorbenen Mann entsprach.
Wie war denn so etwas möglich? Ein Traum konnte es nicht sein. Denn nun war sie ja hellwach. Während sie noch darüber nachdachte, ob sie diese Gestalt wohl ansprechen dürfe oder ob sie diese Erscheinung als Sinnestäuschung einschätzen und abtun solle, begann diese Person zu reden.

Und über den weiteren Verlauf dieses phänomenalen Erlebnisses berichtete Marianne T. zu einem späteren Zeitpunkt:

Eben hatte ich noch ein wenig vor mich hingeschlummert oder -gedöst, als ich auf einmal eine sich nähernde Gestalt erblickte. Zunächst war sie noch nicht exakt erkennbar. Der Eindruck war zunächst sehr verschwommen. Doch dann erkannte ich schließlich ganz deutlich, wer es war: Mein verstorbener Mann!
Wie konnte denn so etwas überhaupt möglich sein? Erst vor wenigen Tagen hatten wir ihn doch beigesetzt. Massenhaft Leute waren dabei gewesen. Sein Leichnam ruhte ja inzwischen auf unserem Friedhof. Und nun sah ich ihn leibhaftig –

wirklich in voller Größe – vor mir.
Eben wollte ich diese Person, also meinen Mann, voll Zweifel oder auch Erstaunen, ansprechen, als er zu reden begann:
„Marianne, erschrick nicht und zweifle auch nicht. Denn ich bin es tatsächlich. Ich bin Robert, Dein Mann.“
„Das ist doch nicht möglich. Wir haben Dich ja gerade vor ein paar Tagen zu Grabe getragen. Wie kommt es denn, dass Du jetzt trotzdem hier vor mir stehst?“
„Das ist auch sehr schwer zu begreifen. Es ist aber tatsächlich so. Ich bin es wirklich.“
„So bist Du also nicht tot?“
„Für diese Welt doch, da lebe ich nicht mehr. Aber es gibt ja auch die jenseitige Welt. Dort existiere ich mit Seele und Geist weiter.“
„Also stimmt es, was manche Leute behaupten, dass es ein Jenseits in Wirklichkeit gibt?“
„Das stimmt voll und ganz. Den besten Beweis siehst Du doch in mir, sonst wäre ich ja nicht hier.“
„Dann hört also mit dem irdischen Tod nicht alles auf?“
„Nein, es geht vielmehr weiter.“
„Und jetzt bist Du wieder da. Wie schön ist das. Da bin ich jetzt wirklich sehr glücklich. Und in den Tagen seit der Beerdigung war ich so voll Kummer und Leid, ja voller Verzweiflung.“
„Marianne, ich weiß es. Und deshalb bin ich hergekommen, um Dir zu helfen.“
„Aber wie willst Du mir denn helfen?“
„Das werde ich Dir jetzt erklären: Ich habe zu Lebzeiten auf

der Erde für ein ordentliches Testament gesorgt. Es ist auf Dich und unsere gemeinsamen Kinder ausgestellt, aber in der Hauptsache auf Dich."

„Und was geschieht mit Deinem ältesten Sohn?"

„Ihn habe ich zu Lebzeiten ordentlich abgefunden, und dazu wurde auch eine Erklärung von ihm mit Zeugen angefertigt. Er hat sein Erbteil längst schon bekommen."

„Jetzt will der aber wieder ein Erbe haben. Das würde die Firma ruinieren und unsere Familie auch."

„Das wird nicht geschehen. Dafür habe ich vorgesorgt."

„Das hilft mir aber nichts. Er verlangt schriftliche Beweise."

„Die gibt es ja auch."

„Aber wo?"

„In meinem geheimen Schließfach bei unserer Sparkassenfiliale."

„Da wird man mir aber keinen Zutritt gestatten. Denn aus meiner früheren Tätigkeit bei einer Sparkasse weiß ich, dass nur der Betreffende Zugang zum Schließfach erhält."

„Auch daran habe ich gedacht. Ich habe Dir doch damals eine Vollmacht ausgestellt, die auch von der Sparkasse bestätigt wurde. Die findest Du in unserem weißen Ordner mit den besonderen und wichtigsten Familienunterlagen."

„Und wo ist dieser Ordner?"

„Er steht in unserem Safe, also Wandtresor. Direkt neben der Vollmacht liegt in einer Hülle ein weiterer Schlüssel. Mit dem und der Vollmacht gehst Du morgen in die Filiale, zeigst alles und öffnest das Schließfach."

„Und wie soll es dann weitergehen?"

„Du nimmst Testament sowie Abfindungserklärung und gehst zum Rechtsanwalt Dr. Werner H., der gleichzeitig auch Notar ist und beantragst eine bevorzugte Testamentsvollstreckung."
„Und die kostet wieder besonders viel Geld."
„Macht nichts. Das geht ja sowieso auf die Kosten der Baufirma."
„Und wie soll es dann weitergehen? Damit ist Herbert doch immer noch nicht zufrieden."
„Den Rest erledigen der Notar und das zuständige Gericht."
„Wird uns denn damit geholfen?"
„Ja, das dauert dann nicht mehr lange, und Du hast klare Verhältnisse."
„Und was geschieht mit Deinem ältesten Sohn?"
„Er wird nicht begeistert sein, sich aber fügen müssen."
„Er tut mir aber trotz allem sehr leid."
„Das ist lieb von Dir, aber nicht zu ändern. Ich werde mal sehen, dass ich mich auch um ihn besonders kümmere, wenn ich dazu die Möglichkeit habe."
„Robert, Du hast mir jetzt sehr viel gesagt. Geht das denn auch alles in Erfüllung?"
„Aber sicher."
„Woher weißt Du das denn alles?"
„Seit ich irdisch tot bin und ohne meinen Körper existiere, kann ich auch fern in die Zukunft schauen. Dabei erkenne ich selbst die Geschehnisse in naher und ferner Zukunft."
„Wenn das so ist, kannst Du mir sicher auch sagen, wie es mit unserer Familie weitergeht."
„Ja. Es geht alles in Ordnung. Herbert beruhigt sich, und un-

ser Sohn macht zunächst eine zweigleisige Ausbildung auf dem Bau und in der Hochschule. Danach studiert er Bauwissenschaft und wird irgendwann Diplom-Ingenieur."

„Und was geschieht mit unserer Tochter?"

„Sie entdeckt irgendwann ihr Interesse an Jura und studiert erfolgreich Rechtswissenschaften. Sie wird einmal eine sehr gute Juristin."

„Herzlichen Dank für Deine wunderbare Hilfe. Dann wäre uns ja geholfen. – Doch kümmere Dich auch um Herbert. Er braucht mit Sicherheit Deine Hilfe."

„Das will ich tun, wenn er auf mich hört. Und nun für Dich und unsere Kinder herzlich alles Gute."

Damit verblasste seine Gestalt, und ich war wieder ganz allein. Doch ich sah eine Perspektive, eine Zukunft. Aber ob das denn auch alles stimmte? Auch wenn mein verstorbener Mann mir versichert hatte, es werde alles so geschehen, blieb bei mir immer noch ein kleiner Rest von Zweifel.

Doch musste ich alles genau so machen, wie Robert es mir gesagt hatte:

Also suchte ich im Tresor nach dem weißen Ordner und darin nach der Vollmacht. Tatsächlich fand ich alles so, wie mein verstorbener Mann es mir mitgeteilt hatte. Am nächsten Tag wollte ich dann – wie man so sagt – „die Probe aufs Exempel" machen. Ich ging also zur Sparkassenfiliale und zeigte Vollmacht und Zweitschlüssel. Und siehe da! Ein Angestellter ging mit mir in den Tresorraum, schloss zunächst an einem Schließfach, das er mir dann überließ. Und darin fand ich dann wirk-

lich sowohl das Testament als auch die Abfindungs- und Verzichtserklärung des ältesten Sohnes.

Wie es mir mein Mann vorweg erklärt hatte, vereinbarte ich mit dem betreffenden Anwalt und Notar kurzfristig einen Termin. Der Notar unternahm auch tatsächlich alle notwendigen Schritte, und in wenigen Wochen hatten wir das gewünschte Ergebnis:
Die Firma wurde auf mich umgeschrieben, und Herbert hatte mit ihr nichts mehr zu tun.
Natürlich sorgte ich dafür, dass unser Bauunternehmen in Ruhe erfolgreich weiterarbeiten konnte.
Und wie es weiterging:
Es kam alles so, wie es mir mein verstorbener Mann vorhergesagt hatte:
Unser zweiter Sohn machte nach seinem Abitur eine duale Ausbildung auf dem Bau und in der Hochschule. Und nach diesem Bachelor-Abschluss studierte er weiter und wurde Diplom-Ingenieur. Bald konnte er dann in die Leitung unseres Bauunternehmens einsteigen, in dem er erfolgreich wirkt und es noch weiter zu Aufstieg und Erfolg führt.

Unsere Tochter studierte dann Rechtswissenschaften und wurde eine erfolgreiche Juristin.

Ich hätte es doch nicht für möglich gehalten, dass ich eine solche Hilfe aus dem Jenseits haben könnte.

Aber die Tatsachen haben es bewiesen!

RETTUNG DES MISSRATENEN SOHNES

Zum vorherigen Bericht passt auch die Darstellung der folgenden Ereignisse:

Herbert T., ältester Sohn des verstorbenen Bauunternehmers Robert T., von dem auch der vorangehende Bericht handelte, hatte sich trotz der erfolgten und dokumentierten Abfindung nach dem plötzlichen Tod seines Vaters Hoffnung auf einen ansehnlichen Erbanteil gemacht. Sie wurde aber durch die Dokumente aus dem Schließfach und die Aktivität des Notars zusammen mit dem Beschluss des Nachlassgerichtes zunichte gemacht.
So war er zunächst gleichsam wie am Boden zerstört. Er sprach weiterhin dem Alkohol zu, soweit er ihn sich mit der geringen Grundversorgung leisten konnte. Die zuständige Arbeitsagentur versuchte immer wieder, ihn als gelernten Maurer zu vermitteln. Doch jedes Mal scheiterte eine Beschäftigung bei einer Baufirma an seiner Trunksucht. Dabei hätte man ihn auf dem Bau sehr gut brauchen können, aber nicht als Alkoholiker.
Bis dann die Arbeitsagentur es leid war und die sogenannte Reißleine zog:
Er wurde vor die Alternative gestellt – entweder Entziehungskur oder teilweise Verlust der Grundvergütung. So verfiel er an einem der folgenden Abende in eine dumpfe und tiefe Depression, je mehr er sich in seinem benebelten Kopf diese radikale Alternative durch den Kopf gehen ließ: Sehr tief war er gefallen, und dabei hätte er große Chancen gehabt, vor allem im

Betrieb seines Vaters. Dieser Weg war ihm nun jedoch total verbaut.
Und eine Entziehungskur? Das war ja geradezu grausam. Ab sofort ohne Bier und Schnaps? Das würde er doch kaum aushalten.
Wozu denn dann überhaupt noch leben? Da schien es ihm doch am einfachsten, mit seinem Leben Schluss zu machen. So saß er bis zum späten Abend in dumpfster Verzweiflung da. Seine kleine sparsam-spartanische Behausung – ebenfalls Bestandteil der Grundversorgung – kam ihm inzwischen wie eine Art Gefängnis vor. Also wozu noch leben?

Soweit es sein Denkvermögen überhaupt noch zuließ, sah er sich in einer völlig ausweglosen Situation: Ohne volle Grundvergütung und bezahlten Wohnraum konnte er ja überhaupt nicht leben. Eine Entziehungskur aber würde ihn derart unter Druck setzen, dass er keinerlei „Lebensqualität" mehr hätte. Damit meinte er den Alkohol.
So sehr er in seinem benebelten Kopf auch nachgrübelte, – er sah für sich keine Zukunft mehr. Also wirklich – wozu denn noch leben?
Und damit torkelte er zu seinem kleinen Küchenspind und ergriff ein scharfes Messer, womit er sich wohl ohne Zweifel die Pulsadern aufschneiden wollte.
Er hielt den linken Unterarm unter das mit der Rechten geführte scharfe Messer und wollte gerade zum lebensgefährlichen Schnitt ausholen, als er eine laute und unmissverständliche Stimme hörte. Sie kam aus dem Hintergrund:

„Halt, stopp! Weg mit dem Messer!“
Die Stimme kam ihm irgendwie bekannt vor, und unwillkürlich ließ er seine rechte Hand mit der Klinge sinken. Er versuchte, nach hinten zu schauen, woher er den Ruf vernommen hatte. Aber da sah er niemand. Vielmehr näherte sich ihm von vorn eine zunächst verschwommen aussehende Gestalt, die er kaum richtig wahrnehmen konnte. Aber diese Gestalt kam näher, und dann erkannte er sie:
War das denn die Möglichkeit? Das konnte doch nicht wahr sein. Trotz seines benebelten Gehirns erkannte er in dieser Erscheinung allmählich – seinen verstorbenen Vater. Ja, er war es tatsächlich!

Herbert T. berichtete dazu – nach seiner Gesundung – später:
Schon bei dem „Stopp-Ruf“ hatte ich einen furchtbaren Schreck bekommen. Wer konnte mich denn mit lauter und eindringlicher Stimme dazu auffordern, das Messer fallen zu lassen? Und wer konnte denn nur wissen, was ich – ganz allein in meiner kargen Wohnung – vorhatte? Aber schlagartig gehorchte ich dieser lautstarken Aufforderung. Und dann sah ich zunächst ganz undeutlich, wie eine Gestalt auf mich zukam. Schließlich erkannte ich – meinen verstorbenen Vater.
Wie war das denn möglich? Er war doch vor einiger Zeit verstorben und lebte nicht mehr. Und jetzt sah ich ihn, und zwar ganz deutlich. Da gab es keinen Irrtum mehr: Es war mein Vater!
Also sprach ich ihn an:
„Bist Du das, Papa? Oder träume ich?“

„Du träumst nicht, Herbert. Ich bin es wirklich – Dein Vater."

„Aber Du bist doch schon seit einiger Zeit tot. Und jetzt kommst Du zu mir?"

„Für irdische Verhältnisse bin ich tot, natürlich. Trotzdem lebe ich weiter."

„Wie soll ich das denn verstehen? Das gibt es doch nicht."

„Dennoch gibt es das. Denn ich existiere in der Welt drüben weiter. Das ist die jenseitige Welt. Es ist sehr schwer zu begreifen. Aber es ist wirklich so."

„Aber ich dachte, mit dem Tod wäre alles aus."

„Das meinen viele Menschen. Aber sie sind alle im Irrtum."

„Aber Deine sterblichen Überreste wurden doch begraben. Und jetzt stehst Du wieder vor mir? Wie kann man sich denn das erklären?"

„Mein toter Körper wurde tatsächlich beerdigt und ruht auch nach wie vor auf dem Friedhof. Aber mein Geist und meine Seele sind nicht mitgestorben. Sie leben weiter und haben sich nun mit dieser Körperhülle umgeben. Und deshalb kannst Du mich auch erkennen."

„Das ist doch unglaublich, so etwas! Das hätte ich nicht für möglich gehalten."

„Ja, Herbert, es gibt sehr vieles, was Du nicht für möglich hältst. Da geht es Dir nicht anders wie vielen anderen Menschen. Die halten nur das für echt, was sie sehen oder auch nur anfassen können. Aber es gibt noch viel, viel mehr als nur irdische Eindrücke. Das wollte ich Dir zunächst erklären. Doch bin ich aus einem ganz anderen Grund gekommen."

„Da bin ich aber gespannt."

„Ja, Herbert, ich bin gekommen, um Dir zu helfen."

„Du willst mir in meiner ausweglosen und völlig verzweifelten Situation helfen? Wie soll das denn geschehen?"

„Ich will Dir sagen, was Du machen musst, um wieder auf die Füße zu kommen."

„Ist das nicht ein übler Scherz, wo Du mich um mein Erbe gebracht hast?"

„Nicht ich habe Dich um Dein Erbe gebracht, sondern Du selbst hast das durch Dein Fehlverhalten getan. Außerdem habe ich Dich sehr großzügig abgefunden. Und im Unternehmen konnte ich Dich auf gar keinen Fall lassen. Denn dort hättest Du alles kaputtgemacht. Und die ganze Kumpel-Truppe war total gegen Dich."

„Wenn ich der Chef geworden wäre, hätten die sich umgestellt."

„Nein, Du hättest mit Deiner Trunksucht vielmehr den ganzen Betrieb durcheinandergebracht und ruiniert. Und das musste ich unbedingt verhindern. Und jetzt will ich Dir tatsächlich helfen, wenn Du Dir auch wirklich helfen lässt."

„Meinetwegen."

„Gut, dann musst Du vom Trinken wegkommen. Daran geht kein Weg vorbei."

„Das kann ich nicht."

„Doch Du musst es tun. Sonst gibt es für Dich keine Rettung. Oder willst Du unter den Brücken landen? Du stehst unmittelbar davor."

„Noch bin ich ja hier in dieser Unterkunft, auch wenn sie nicht gerade groß und bequem ist."

„Aber auch da kann die Arbeitsagentur einschneidende Maßnahmen veranlassen."

„Was muss ich denn machen?"

„Die Entziehungskur musst Du über Dich ergehen lassen. Da führt kein Weg dran vorbei."

„Und was kommt dann?"

„Herbert, nach dieser Maßnahme und der Reha wird die Arbeitsverwaltung Dir auf dem Bau eine Arbeit als Maurer verschaffen. Du hast ja eine solide Ausbildung hinter Dir und warst einmal ein guter Fachmann."

„Du hast gut reden. Du sagst das nur so, aber wie sieht es in der Wirklichkeit aus?"

„Genauso, wie ich es Dir jetzt gesagt habe."

„Woher willst Du das denn alles wissen?"

„Weil ich in die Zukunft schauen kann."

„Wie ist das denn möglich? Ich kann ja auch nicht in die Zukunft sehen."

„Ja, weil Du doch noch einen Körper hast, der Dich von der Zukunft abkapselt. Mein Leib kann mich aber nicht mehr abschirmen. Und deshalb kann ich auch deutlich erkennen, was in naher, aber auch in ferner Zukunft geschieht. Und da sehe ich bei Dir nur Positives. Aber an der Entziehungskur kommst Du nicht vorbei."

„Mal angenommen, es stimmt, was Du mir jetzt alles sagst, wie geht es dann mit mir weiter?"

„Ohne Alkohol bist Du bei einer anderen Baufirma sehr tüchtig. Du bringst es mit der Zeit sogar bis zum Polier und damit zum Bauleiter."

„Und das soll ich Dir alles glauben?“
„Du kannst es mir getrost glauben, denn es wird genauso kommen. Außerdem wirst Du in anderthalb Jahren eine gute und tüchtige junge Frau kennenlernen, mit der Du eine harmonische Familie gründen wirst.“
„Was Du nicht sagst. Also fast hätte ich Interesse daran, das alles auszuprobieren.“
„Dann tu das. Es wird nicht zu Deinem Schaden sein, sondern Dir zu Deinem und zum Glück Deiner künftigen Familie verhelfen.“
„Papa, ich weiß gar nicht, was ich dazu sagen soll.“
„Sag jetzt nichts, sondern mach es genau so, wie ich es Dir gesagt habe. Und nun viel Glück und alles Gute!“

Mit diesen Worten verabschiedete sich mein Vater, das heißt, ich konnte ihn danach nicht mehr sehen.
Allmählich wurde ich wieder nüchtern und dachte dann – so gut es ging – über das ganze Gespräch nach. Was hatte er mir im Einzelnen gesagt? Ich versuchte, alles auf eine Linie zu bringen:
Entziehungskur – Vermittlung zu einer Baufirma – tüchtige Arbeit auf dem Bau – Frau kennenlernen – Gründung einer Familie.

Auch wenn mir die Entziehungskur mit endgültigem Verzicht auf Alkohol nun überhaupt nicht schmeckte, – ich hielt mich an dem, was mir mein Vater alles gesagt hatte, gleichsam wie an einer Art von Geländer fest und nahm alles auf mich, was er von mir verlangt hatte und sollte es nicht bereuen.

Und wie ging es dann tatsächlich weiter?
Es kam genauso, wie Herbert T.s Vater es ihm vorhergesagt hatte:
Durch die Entziehung wurde er endgültig „trocken“ und rührte fortan keinerlei alkoholische Getränke mehr an. In der vermittelten Baufirma erwies er sich als äußerst tüchtiger Handwerker und arbeitete sich immer höher, bis er es schließlich zum Polier und Bauleiter brachte. Zwischenzeitlich hatte er auch eine junge Frau kennen und lieben gelernt, mit der er eine glückliche Familie gründete. Das Glück war dann schließlich vollkommen, als er auch noch Vater eines Sohnes und einer Tochter wurde.

Da schämte er sich insgeheim darüber, dass er an jenem Abend in tiefster, aber auch selbst verursachter Depression seinem Leben ein Ende hatte setzen wollen. Natürlich äußerte er sich darüber zu niemandem.
Und seinem Vater dankte er immer wieder aus tiefstem Herzen, denn *er* hatte ihn ja aus tiefster Not und Verzweiflung gerettet.

HINWEIS AN DEN KRIMINALKOMMISSAR

Höchst mysteriös kam es Kriminalkommissar Max H. vor, dass der besonders tiefe Absturz einer Frau in den bayrischen Bergen angeblich *ohne Fremdeinwirkung* gewesen sein sollte. So war nämlich das Ergebnis der kriminaltechnischen Untersuchung ausgegangen. Also wäre es für den Beamten am einfachsten gewesen, die vorerst noch sehr dünne Akte – mit dem Foto der Verunglückten – zu schließen und im Polizeiarchiv einzulagern.

Doch drei Absonderlichkeiten machten Max H. stutzig:
Das Opfer, Frau Lis O., war an einer Stelle in den bayrischen Bergen abgestürzt, wo der Weg zwischen Höhe und Tiefe *besonders breit* gewesen war. Dort hatte sie mit ihrem Mann einen Spaziergang in den Bergen unternommen, um sich, wie es später von ihrem Mann hieß, gemeinsam zu erholen.

Wie der Kommissar weiter ermittelte, hatte ihr Mann *auf Frau O. eine hohe Lebensversicherung* abgeschlossen, die bei (tödlichem) Unfall sogar die doppelte Versicherungssumme auszahlte. Aber umgekehrt hatte der Mann auf sich selbst *keine derartige Versicherung* abgeschlossen.

Nur wenige Wochen nach diesem Unfall war bei dem vor offensichtlicher Trauer gleichsam zerfließenden Witwer eine *junge Frau eingezogen*, mit der sich der Hinterbliebene höchst lebenslustig in der Öffentlichkeit zeigte.

In Kriminalkommissar Max H. regte sich geradezu sein kriminalistischer Spürsinn. Und das war erst recht der Grund, wieso er die Akte nicht im Archiv verschwinden ließ, sondern auch weiterhin im Blick behielt, obwohl er natürlich auch weitere Kriminalfälle abarbeiten musste.
Da konnte doch was nicht stimmen. Alles hatte ursprünglich so plausibel und verständlich ausgesehen:
Erholsamer Spaziergang in den bayrischen Bergen, Bewegung in der frischen Bergluft, brillante Aussicht auf die höchst romantische Bergwelt und dann am Abend ein zünftiges Abendessen und ein gesunder nächtlicher Tiefschlaf. Also alles nur vom Feinsten!

Wer sollte denn da etwas Übles daran vermuten – an diesem schlimmen und tragischen Unglücksfall?
Aber der Kriminalkommissar tat es. Ihm kam bei einigem Nachdenken – vor allem über diese drei Besonderheiten – das Ganze höchst merkwürdig vor. Deshalb beschloss er für sich, an diesem Fall dran zu bleiben. Auch sein Chef musste ja nichts davon wissen. Also ermittelte er insgeheim weiter. Ihn ließ ganz besonders die Aufnahme der Toten nicht zur Ruhe kommen. Er nahm sogar – ganz gegen die polizeilichen Regeln – die dünne Akte mit nach Hause. Hier konnte er sich in Ruhe mit diesem eigenartigen Unfall befassen. Denn sein Instinkt sagte ihm nämlich immer wieder, dass dieser Absturz alles andere als ein Unglücksfall gewesen sein konnte.

Als er dann eines Abends wieder vor sich hin grübelte und das Foto der Verunglückten ansah, war es ihm, als würde ihn das Bild irgendwann ansprechen. Zunächst hielt er das für Unsinn. Wie konnte denn eine Tote mit ihm reden? Doch je mehr er die Aufnahme in Augenschein nahm, umso mehr verschwanden seine Zweifel:
Denn die geschlossenen Augen der Verstorbenen öffneten sich und sahen ihn nun klar und deutlich an. Und dann fing die Tote tatsächlich an zu sprechen:

„Sie sind doch der Kommissar, um Verbrechen aufzuklären?"
„Ja, das bin ich."
„Dann befassen Sie sich doch auch mit meinem Fall?"
„Ja, aber das tu ich nur für mich. Denn offiziell ist dieser Fall ja abgeschlossen."
„Und warum denken Sie trotzdem noch weiter darüber nach?"
„Weil mir dieses Ereignis nicht gefällt. Ich glaube, da stimmt an der ganzen Sache nicht alles."
„Da haben Sie recht. Mein Absturz war nämlich kein tragischer Unfall, sondern die Folge eines Verbrechens."
„Wie soll ich das denn verstehen?"
„Nun, mein Mann hat mich nämlich vom Weg geschubst und in die Tiefe gestoßen. Dadurch kam ich zu Tode."
„Tatsächlich? Das ist ja kaum zu glauben."
„Und doch ist es wirklich so gewesen."
„Jetzt, wo Sie es sagen, fällt es mir fast wie Schuppen von den Augen. Ich habe ja meine Zweifel an diesem sogenannten Unglücksfall gehabt. Aber dass es sich so zugetragen hat, hätte

ich mir fast nicht träumen lassen. Doch jetzt bin ich davon überzeugt, dass es sich so zugetragen hat.“
„Nun wissen Sie ja, wie es wirklich war. Damit dürfte sich doch Ihr Nachgrübeln beenden lassen.“
„Eigentlich ja. Aber ich bin doch auch Kriminalkommissar und folglich darauf aus, diesen Fall aufzuklären.“
„Nun, jetzt wissen Sie ja, wie es war. Reicht das nicht?“
„Nein. Ich brauche doch Beweise. Und die wird mir Ihr Mann nicht liefern.“
„Mit Sicherheit nicht. Aber ich kann sie Ihnen vermitteln.“
„Und wie?“
„Ziemlich einfach. Denn ich habe den Spaziergang mit meinem Handy aufgenommen. Und das hatte übrigens ein Weitwinkelobjektiv und somit auch ganz weit nach links und rechts fotografiert.“
„Donnerwetter, wunderbar! Aber dieses Handy haben wir am Unglücksort nicht gefunden.“
„Ja, ich hatte es ja auch an einer losen Schnur um den Hals getragen, und beim Absturz – ich glaube kopfüber – muss es mir vom Hals gerutscht und noch weiter in die Tiefe gefallen sein.“
„Frau O., das ist ja eine ausgezeichnete Nachricht, vor allem für einen Kriminalbeamten mit detektivischem Spürsinn.“
„Übrigens müsste auch darauf zu sehen sein, wie mein Mann zunächst zwei Schritte vor mir herging und überallhin spähte, als wollte er sich vergewissern, dass uns auch niemand zuschaute. Inzwischen wurde mir klar, warum er das tat.“
„Mir auch. Das ist doch ein ausgesprochenes Schurkenstück.“

„Ja, wenn Sie das so sehen."
„Aber sicher. Der Sache werde ich unverzüglich nachgehen. Und das wird mein Meisterstück."
„Ich habe nichts dagegen. Übrigens fällt mir noch etwas dazu ein: Beim Absturz hörte ich meinen Mann noch höhnisch rufen: ‚Gute Reise. Du warst mir schon lange lästig'."
„Frau O., ich verschaffe Ihnen Gerechtigkeit. Darauf können Sie sich verlassen. Aber eine ganz andere Frage habe ich noch?"
„Und die wäre?"
„Woher wissen Sie das denn alles so genau?"
„Ja zunächst, weil ich es so erlebt habe. Darüber hinaus aber auch, weil im Jenseits, also in der Existenz nach dem irdischen Tod, jeder ganz weit in die Zukunft schauen kann."
„Und woher kommt das?"
„Ja, nach dem Tod behindert der Körper niemand mehr, auch in die ferne Zukunft zu sehen."
„Das ist ja alles unglaublich. Wenn ich das meinen Bekannten erzähle ..."
„... dann wird Ihnen das kaum einer glauben. Und nun wünsche ich Ihnen von ganzem Herzen alles Gute und viel Glück."
„Danke, vielen Dank."

Und damit entschwand sie auch schon meinen Blicken, sodass ich nur noch die Akte vor mir liegen hatte.
Über das Erlebte musste ich nun erst recht nachgrübeln. Doch dann fand ich, am nächsten Tag müsse ich dem verlorenen Handy nachspüren. Und das tat ich auch – und fand es tatsäch-

lich noch etwa zehn Meter tiefer, unterhalb des Fundortes der abgestürzten Toten.
Natürlich schaute ich mir abends in aller Ruhe und ohne die betriebliche Störung die Aufnahmen auf dem Handy an. Es war alles genauso, wie es mir die Verstorbene mitgeteilt hatte:
Zuerst sah ich, wie ihr Mann etwa zwei Schritte vor ihr ging, sich nach allen Seiten hin drehte und überallhin Ausschau hielt und sich ihr auf einmal näherte. Dann schubste er sie zur Seite. Und schließlich gab er ihr einen festen Stoß. Auch das konnte ich alles auf dem Handyvideo ganz deutlich erkennen. Schließlich hörte ich noch eine – mit Sicherheit seine – ganz laute Stimme rufen:
„Gute Reise. Du warst mir schon lange lästig."

Also das war ja ein ganz untrügliches Beweismittel für den Mord an Frau Lis O. durch ihren Mann. Meine Spürnase hatte mich also nicht getäuscht. Dafür waren zunächst die drei Indizien, also Zeichen für die kriminelle Tat, ziemlich eindeutig. Und die letzten und entscheidenden Beweise lieferten die optischen und akustischen Aufnahmen.
Mir war sofort klar, dass ich am nächsten Tag bei meinem Chef, Kriminalrat M., vorstellig werden musste, um eine Wiederaufnahme der Ermittlungen gegen den Mann der Verunglückten – oder aber: der Ermordeten – zu veranlassen. Natürlich war mir klar, dass es zunächst eine Art Palaver mit meinem Vorgesetzten geben würde. Doch da musste ich durch. Ich verabredete also mit ihm einen Termin und legte ihm dann die Akte der toten Frau O. vor. Der Kriminalrat blätterte in der

dünnen Akte und blieb dann beim Schlussvermerk hängen, also der Einstellungsverfügung der Ermittlungen.
Mit einem ziemlich unwilligen Gesichtsausdruck blickte er mich an und fauchte dann:
„Herr H., was bringen Sie mir denn diese Akte? Das Verfahren ist doch eingestellt worden. Wieso befindet sie sich denn nicht längst schon im Archiv? Und warum belästigen Sie mich mit so einem alten Kram?“
„Weil es inzwischen eindeutige Beweise für die Gewalttat an Frau O. gibt.“
„Und die wären?“
„Hier auf diesem Handy sind diese Beweise.“
„Dann zeigen Sie mal her.“

Mit mühsam beherrschter Ungeduld sah mein Chef sich nun die Videoaufnahmen an. Mit zunehmendem Filmablauf schaute er mit immer mehr Spannung auf die Bilder, und bei dem lauten Ruf von Frau O.s Mann, in der er der Abstürzenden hässliche Worte hinterherrief, sprang der Kriminalrat wie von einer Tarantel gestochen auf und rief ganz begeistert:
„Menschenskind, Max H., woher haben Sie denn das? Das ist ja eine Bombe. Die schlägt in diesem Verfahren ein wie ein explosives Geschoss.“
„Und? Möchten Sie die Akte jetzt immer noch schließen?“
„Aber wo denken Sie hin? Jetzt sagen Sie mir nur, woher Sie denn erst jetzt diese Aufnahmen haben?“

Hier musste ich zunächst schlucken. Wenn ich dem Kriminalrat den Dialog mit der umgebrachten Frau erzählen würde, dann läge es nahe, dass er mich für nicht ganz normal hielte. Das musste ich also vermeiden – zumindest vorerst. Deshalb gab ich ihm eine ausweichende Antwort:

„Herr Kriminalrat, ich verspreche Ihnen, dass ich Ihnen das exakt erklären werde. Aber gestatten Sie mir, dass ich das erst nach dem Abschluss dieses Verfahrens mache."

Mein Chef sah mich zweifelnd an, zeigte sich dann – aufgrund des bisherigen positiven Verlaufs – jedoch milde gestimmt und brummte nur: „Herr H., meinetwegen. Aber wissen möchte ich es dann doch."

„Versprochen, Herr Kriminalrat."

Zunächst fertigten wir von den Aufnahmen sicherheitshalber ein Duplikat und konfrontierten dann den Ehemann der Verunglückten mit den Beweisen. Der aber gab dazu keine Erklärungen ab, sondern engagierte einen Rechtsanwalt, der natürlich ausführlich Einblick in den gesamten Sachverhalt erhielt.

Wir aber übergaben die Beweise samt schriftlich festgehaltenen vollständigen Ermittlungsergebnissen der zuständigen Staatsanwaltschaft. Sie erhob ziemlich bald Anklage gegen den höchst verdächtigen Ehemann.

Nach drei Monaten kam es am zuständigen Landgericht zum Prozess. Und nach weiteren drei Monaten Verhandlungen sprach das Gericht den Ehemann der zu Tode gekommenen Frau schuldig und verurteilte ihn aus niederen Beweggründen zu lebenslanger Haft.

Auch eine Revision vor dem Oberlandesgericht und Bundesgerichtshof brachte kein anderes Resultat:

Der mörderische Ehemann von Frau O. musste seine Strafe antreten und absitzen. Außerdem forderte die Versicherung die gesamte seinerzeitige besonders hohe Auszahlungssumme zurück.

Kriminalkommissar Max H. jedoch verdankte diesen höchst spektakulären Ermittlungsergebnissen und folglich den auch in der Presse besonders hervorgehobenen interessanten Prozessergebnissen seine Beförderung zum Kriminal*ober*kommissar.

Bei der Feier zu dieser Beförderung nahm ihn Kriminalrat M. diskret beiseite und wollte nun endlich wissen, wieso der damalige Kommissar an die so wichtigen Beweise gekommen war. Der jetzige Oberkommissar erklärte es seinem Chef – also die Mitteilungen der Toten. Kriminalrat M. sah den neuen Oberkommissar lange, eindringlich und kritisch an, bevor er dann meinte:
„Also, ich kenne Sie ja nun schon seit Jahren als nüchternen und sachlichen Kriminalbeamten. Aber was Sie mir da gesagt haben, – wer soll so etwas für möglich halten? – Doch es gibt wohl zwischen Himmel und Erde mehr Dinge, als wir zu fassen vermögen.“

UNHEILWARNUNG DER TOTEN MUTTER

Für Hermann van V. war es schon seit langer Zeit sein größter Herzenswunsch, einmal in Österreich mit seiner Familie eine Gondelfahrt in einer Hochseilbahn zu erleben.
Also fuhren sie alle vier in dieses besonders häufig besuchte Skigebiet: Neben ihm waren es seine Ehefrau Olga und die 6-jährigen Zwillinge Ernst und Rita. Auf Schneebrettern wollten sie nicht fahren. Denn alle vier aus Norddeutschland verstanden davon nichts. Aber hoch über den Schneehängen auf die Bergspitzen und wieder bergab zu fahren, das war vor allem Hermanns Anliegen, während seine Frau nichts davon hielt und lieber einen Ausflug zu Fuß unternommen hätte. Aber ihrem Mann zuliebe wollte sie den Spuk mit der Gondelfahrt auf der Hochseilbahn mitmachen. Den beiden 6-Jährigen war es ganz gleich. Sie hätten vielmehr eine Schlittenfahrt auf einer Rodelbahn bevorzugt.
Aber niemand aus der Familie wollte dem Mann und Vater seinen Wunsch abschlagen und Spaß verderben.
Also warteten sie einige Tage in ihrem Hotel, und am nächsten Morgen sollte es dann soweit sein. Dann würden sie in unglaublicher Höhe in einer gemeinsamen Gondel über der Tiefe hochschweben und dann auch wieder die gleiche Strecke ins Tal zurück nehmen. Hermann van V. hatte sich mit einer kleinen, aber leistungsfähigen Videokamera ausgestattet, um auch später noch die Eindrücke des Schwankens in schwindelerregender Höhe zu Hause genießen zu können.
Fast fühlte er am Abend vorher so etwas wie Lampenfieber –

so hoch in einer Gondel und dann auch noch mit der ganzen Familie.

Wie er das jedes Mal tat, ging er auch an diesem Abend vor der beabsichtigten Gondelfahrt zu seinem Wagen, um dort nach dem Rechten zu sehen. Es war alles in Ordnung, und gerade stand er im Begriff, wieder ins Hotel zurückzukehren, als er am hinteren Wagenfenster einen Lichtschein wahrnahm. Das Licht war ziemlich hell. Zunächst meinte er, das Licht stamme von einem anderen Auto und würde vom Wagenfenster nur reflektiert. Also wollte er weggehen. Doch da schaute er – mehr instinktiv – nochmals auf das hintere Wagenfenster, und der Lichtschein nahm nicht ab, eher zu. Das machte ihn stutzig, sodass er nun genauer hinsah. Aber was war das?
In diesem Lichtschein erblickte er zunächst rein schemenhaft so etwas wie ein Gesicht. Also nahm er sich vor, der Sache auf den Grund zu gehen.
Und dazu ergibt sich Hermann van V.s späterer Bericht:

Zunächst hielt ich den Lichtschein auf dem hinteren Wagenfenster auf der Fahrerseite für den von einem anderen Auto verursachten und vom Wagenfenster reflektierten Lichtstrahl, der wohl nur kurz zu sehen sein würde. Doch die Helligkeit nahm nicht ab. Vielmehr wurde es noch heller. Das machte mich neugierig. Und als ich in diesem Licht zunächst schemenhaft eine Art von Gesicht zu erkennen glaubte, schaute ich genauer hin.
Und ich traute meinen Augen nicht. Das Gesicht kam mir be-

kannt vor: Also schaute ich noch genauer hin. Dabei durchfuhr es mich wie ein Blitz. Ich erkannte es jetzt: Es war das Gesicht meiner vor Jahren schon verstorbenen Mutter. Wie konnte denn nur so etwas möglich sein?

Träumte ich oder hatte ich eine Sinnestäuschung? Dass ich das Gesicht tatsächlich vor mir sah, konnte keine Täuschung sein, auch kein Traum. Denn ich war ja hellwach. Und Halbschlaf konnte es bei der Kälte auch nicht sein. Ich sah wirklich ins Gesicht meiner Mutter, das übrigens immer klarer und deutlicher wurde.

Als ich noch darüber nachgrübelte und rätselte, ob es nun meine Mutter sein könnte, hörte ich sie auch schon sprechen:

„Hermann, schau nicht so kritisch und zweiflerisch, denn Du siehst mich tatsächlich. Ich bin es wirklich."

„Aber, Mama, das kann doch nicht möglich sein."

„Warum denn nicht?"

„Du bist doch schon mehrere Jahre tot. Wie ist es denn dann nur möglich, dass ich Dich jetzt leibhaftig vor mir sehe?"

„Weil ich nur irdisch tot bin."

„Nur irdisch tot sein? Welchen Sinn soll das denn dann ergeben? Wer tot ist, ist doch tot. Also kann man ihn doch nicht mehr sehen."

„Das denkst Du aber auch nur. Sicher bin ich für irdische Verhältnisse tot, lebe aber mit Geist und Seele weiter. Denn sie können nicht vergehen."

„Du lebst tatsächlich noch weiter?"

„Ja, natürlich. Ich lebe in einer anderen Welt und Existenz weiter. Das könnt Ihr Euch auf der Erde nicht vorstellen, aber

es ist doch so.“

„Merkwürdig. Dann hätten die ja recht, die immer behaupten, mit dem Tod sei nicht alles vorbei.“

„Ja, die haben recht.“

„Mama, ich freue mich, dass Du mir heute erscheinst. Aber wolltest Du mich nur darauf hinweisen, dass Du weiterlebst?“

„Nein, deshalb nicht allein. Vielmehr wollte ich Dich vor einem katastrophalen Unglück warnen.“

„Unglück? Das verstehe ich nicht.“

„Dieses schreckliche Unglück würde morgen passieren, wenn Du mit Deiner Familie in der Gondel nach oben fährst. Diese Gondel löst sich nämlich während der Fahrt nach oben vom Tragseil und stürzt aus enormer Höhe in die Tiefe. Sie wird dabei am steinigen Boden zerschellen, und alle Passagiere in ihr ebenso. Verzichte deshalb auf diese höchst gefährliche Gondelfahrt, wenn Dir Dein und das Leben Deiner Familie lieb ist.“

Jetzt war ich völlig sprachlos. Meine Mutter bemerkte es und sagte weiter:

„Hermann, ich verstehe, dass Du meine Mitteilung nicht begreifst. Das ist auch sehr schwer zu verstehen. Aber es stimmt.“

„Du meinst also, ich soll auf diese Gondelfahrt verzichten?“

„Ja, Du und Deine Familie.“

„Aber, Mama, dann kommen doch andere Leute um?“

„Nein, wenn Ihr nicht mitfahrt, bleibt die Gondel leer. Sie stürzt unterwegs nach oben ab. Dadurch wird die Betreiberge-

sellschaft alarmiert, die Genehmigungsbehörde ebenso. Und dann wird die ganze Gondelanlage gründlich kontrolliert und völlig erneuert."
„Woher weißt Du das denn alles?"
„Hermann, nach meinem irdischen Tod wurde ich vom Körper getrennt und kann seitdem ohne Probleme auch in die ferne Zukunft schauen. Und dabei habe ich all das wahrgenommen, was morgen passiert. Und nehme es auch jetzt noch wahr. Also, Hermann, ich habe Dich gewarnt, und Du weißt nun, dass Du auf diese gefährliche Gondelfahrt unbedingt verzichten musst."
Ganz ratlos und fast wie aus dem Unterbewusstsein heraus murmelte ich irgendwas von „Danke" und „schade".

Auch darauf ging meine Mutter ein:
„Hermann, ich weiß, dass Du Dich so auf diese Fahrt in schwindelnder Höhe gefreut hast. Doch es ist besser, darauf zu verzichten. Übrigens gibt es – vor allem für Deine Frau und die Kinder – einen sehr guten Ersatz."
„Und was soll das sein?", fragte ich ganz ungläubig.
„Etwa drei Kilometer oberhalb Eures Hotels gibt es einen zünftigen Berggasthof mit sehr guter Küche und vor allem für die beiden Kinder eine mittelgroße Rodelbahn. Das gefällt meinen beiden Enkelchen sowieso viel besser als die Gondelfahrt und Deiner Frau ebenso."
„Mama, was Du nicht alles weißt."
„Ja, und dann mach es auch so, wie ich es Dir geraten habe. Und nun alles Gute!"

Bei diesen letzten Worten nahm der Lichtschein ab, und das Gesicht meiner Mutter verblasste auch immer mehr, bis ich es nicht mehr erkennen konnte.

Als ich meiner Frau und den Kindern anschließend statt der Gondelfahrt am nächsten Tag den Spaziergang zu dem Berggasthof mit der Rodelbahn vorschlug, war der Jubel groß. Olga und die beiden Zwillinge waren begeistert.
Aber als meine Frau kritisch fragte, wieso ich denn zu dem plötzlichen Sinneswandel gekommen sei, verwies ich sie auf später. Doch so sehr viel später brauchte ich am nächsten Tag nicht zu warten. Denn während wir am späten Nachmittag zu dem Berggasthof spazierten und sich beide Kinder auf der Rodelbahn mehrerer Schlittenfahrten erfreuten, war das Unglaubliche geschehen, wie wir es in den Abendnachrichten hörten:

Von der Hochseilbahn hatte sich eine Gondel in unglaublicher Höhe vom Tragseil gelöst, war in die ungeheure Tiefe gestürzt und auf dem verschneiten, jedoch felsigen Boden total zerschellt. Zum Glück war in dieser Gondel kein einziger Passagier gewesen.
Bei dieser Nachricht spürte ich, wie es mir eiskalt den Rücken herunterlief. Zugleich muss ich auch leichenblass ausgesehen haben. Denn meine Frau fragte mich:
„Hermann, was hast Du denn auf einmal? Du siehst ja aus wie eine Leiche?“
„Olga, ist es wirklich so schlimm?“

„Ja. Du hast ja gar keine Farbe mehr im Gesicht. Und dabei ist uns der Ausflug zum Berggasthof so gut bekommen. Da hattest Du eine richtig gesunde Farbe. Jetzt siehst Du tatsächlich so aus wie eine Leiche."

„Das wäre ich jetzt ja auch, und Ihr alle drei ebenso."

„Wieso das denn?"

„Wenn wir in dieser Unglücksgondel gesessen hätten, wären wir jetzt tot – zerschmettert am Boden."

„Hm, es wäre ja nicht unbedingt so gewesen, dass ausgerechnet ***wir*** *in dieser Gondel gesessen hätten."*

„Doch, ausgerechnet wir!"

„Und woher willst Du das wissen?"

„Ich bin am Abend vorher gewarnt worden. Zwar nicht unmittelbar vor dieser Gondel, aber indirekt doch vor diesem Kabinengehäuse. Und so ist es ja auch gekommen."

„Das verstehe ich nicht."

„Und wir auch nicht", ergänzten die Zwillinge.

In dieser Situation hielt ich es dann doch für am besten, meiner Frau und den Kindern die Begegnung mit meiner Mutter am Abend zuvor mitzuteilen:

„Meine Mutter hat mich gestern Abend draußen am Auto eindringlich davor gewarnt, heute auf der Seilbahn den steilen Berg hochzufahren. Sie hat auch eindeutig gesagt, dass diese Gondel abstürzen wird. So ist es dann ja auch geschehen."

„Was? Deine Mutter? Sie ist doch schon seit Jahren tot? Und dann hat sie Dich gewarnt?"

„Ja, genauso ist es."

„Das ist doch unglaublich. Deine tote Mutter soll Dich gewarnt haben?“
„Ja, Olga. Genauso war es und nicht anders.“
„Das verstehe ich nicht und die Zwillinge sicher auch nicht.“
„Meine Mutter hat mir das alles erklärt. Sie sagte, dass sie nur hier für irdische Verhältnisse nicht mehr lebt; dass sie mit Geist und Seele in der Welt da drüben aber weiter existiert. Und – dass sie auch ganz gezielt in die Zukunft sehen kann. Und deshalb könne sie auch sehen, welcher Katastrophe wir entgegengingen, wenn wir heute da hochführen.“
„Und das sollen wir alles glauben?“
„Natürlich, und die Wirklichkeit heute am Nachmittag hat es doch schließlich bewiesen. Oder ist das alles nicht Beweis genug?“

Meine Frau und die Kinder sahen mich ganz erstaunt an: Sie befanden sich irgendwie zwischen Zweifel und Zustimmung. Zu allererst fanden die Zwillinge, dass das mit der Oma so sein könnte und nannten Omas Warnung – für ihr Alter typisch – ganz einfach „cool“, indem sie sagten:
„Da hat uns unsere Oma tatsächlich gerettet. Heute gäbe es uns sicher nicht mehr. Da kann man nur sagen: ‚Oma, das hast Du ‚einfach cool‘ gemacht. Danke!‘“
Und ich muss gestehen, dass mir dabei Tränen in die Augen getreten sind. Ich bin sicher, dass meine Mutter diese Einschätzung ihrer Zwillinge mit Sicherheit mitbekommen und darüber wohl auch geschmunzelt hat.

Natürlich lässt sich darüber streiten, ob denn „so etwas“ wohl möglich ist. Leicht kommen Zweifler auf den Gedanken, jemand könne Opfer einer Halluzination, also Sinnestäuschung, geworden sein. Zuweilen werden derartige Erlebnisse auch in die Nähe psychischer Störungen gebracht, etwa jemand habe eine sonderbare *Vision.* Hier drängt sich auch der besonders bekannt gewordene Satz eines zu seiner Zeit sehr berühmten Politikers auf: *„Wer Visionen hat, der soll zum Arzt gehen.“*
Dieser Politiker meinte damit aber weniger überirdische Geschehnisse, als vielmehr höchst irdische Einfälle von anderen einflussreichen Menschen, die mit ihren Ideen seine politischen Vorstellungen stören oder durcheinanderbringen könnten.
Dennoch wurde dieser Satz so stark verallgemeinert, dass er auch auf Erlebnisse übertragen wurde, die mit irdischer Wahrnehmung nicht zu begreifen waren und sind.

Wie man auch immer zu der Warnung durch die verstorbene Mutter stehen mag, folgende Erkenntnis ist dennoch am entscheidendsten:

Durch diese Warnung wurden vier Menschenleben gerettet!

Außerdem erwies sich die Vorhersage der verstorbenen Mutter als richtig!

DIE SCHWURHAND: ERINNERUNG AN EIN VERSPRECHEN

Er hatte es aus kleinsten Verhältnissen zu einem mittelständischen Unternehmer gebracht: Wilhelm W. war Chef eines beachtlichen Autogeschäftes. Er verfügte nicht nur über Reparatur- und Lackierwerkstätten, sondern hatte daneben auch einen schwunghaften Handel mit japanischen Autos der Spitzenklasse. Natürlich handelte sein Unternehmen nicht nur mit Neuwagen, sondern ebenso auch mit Gebrauchtfahrzeugen. Da Wilhelm W. als Kfz-Meister, wie man ursprünglich sagte, die Werkstätten führte, hatte er einen tüchtigen Autoverkäufer, der unter seiner Leitung die Autos an- und vor allem verkaufte.
Und seitdem man in seinen Betrieben zusätzlich auch noch für sämtliche Kraftfahrzeuge die jeweiligen Hauptuntersuchungen durchführen lassen konnte, lief es in Wilhelm W.s Unternehmen wie geschmiert.
Sein großes Autogeschäft war wie sein Kind: Alltäglich und sogar darüber hinaus war er dort immer vor Ort, sogar noch im hohen Alter, und erst recht, seitdem seine Frau gestorben war.

Seinen ältesten Sohn hatte er studieren lassen. Nun war dieser – Friedhelm – studierter Diplom-Kaufmann und leitete vor allem den Autohandel, kümmerte sich aber auch, zusammen mit seinem Vater, um die Werkstätten. Zwar fehlte ihm hier die spezielle Ausbildung zum Kfz-Mechatroniker, wie es „neudeutsch“ hieß, aber als Akademiker fühlte er sich natürlich so ziemlich über allem erhaben.

Wilhelm W. hatte allerdings auch einen jüngeren Sohn. Der war gleichsam ein Nachkömmling und elf Jahre jünger als der ältere Bruder. Friedhelm, der ältere der beiden, schaute etwas herablassend auf seinen jüngeren Bruder – Georg, der gerade mit einigen Mühen dabei war, den Realschulabschluss zu schaffen. Georg war sicher kein Überflieger, aber an technischen Dingen sehr interessiert und schien dafür mit Sicherheit auch ein „Händchen" zu haben.

Deshalb beabsichtigte der Senior auch, seinen jüngsten Sohn im eigenen Betrieb zum Kfz-Mechatroniker – und schließlich darüber hinaus zum Meister – ausbilden zu lassen, um später nach Wilhelm W.s möglichem Ausscheiden aus dem Unternehmen die Leitung der Werkstätten zu übernehmen.

Das gefiel dem älteren Bruder überhaupt nicht. Deshalb debattierte er ziemlich aufmüpfig mit seinem Vater: „Papa, was soll denn Dein Plan, Georg nach der Mechatroniker-Ausbildung auch noch zum Meister qualifizieren zu lassen?"

„Das ist doch naheliegend und vernünftig. Georg ist technisch begabt und wird die Ausbildung zum Kfz-Mechatroniker ohne große Probleme schaffen."

„Und wenn er es nicht schafft? Was dann?"

„Dann wiederholt er eben die Prüfung."

„Selbst wenn er die schafft, braucht man doch für die Meisterprüfung sehr viel mehr."

„Woher willst Du das denn wissen? Du hast doch eine völlig andere Ausbildung hinter Dir."

„Aber immerhin. Als Akademiker hat man doch einen viel größeren Überblick als so ein Kfz-Meister."

„Aha. Also hast Du auch einen viel größeren Überblick als Dein Vater, der ja auch nur Kfz-Meister ist."
„Papa, so habe ich das nicht gemeint."
„Doch, so hast Du es gemeint. Du hast Dich nur in Deinen Äußerungen vergaloppiert."
„Gut, Entschuldigung. Aber selbst wenn Georg diese Ausbildungsgänge bis hin zum Meister schafft, welchen Sinn sollte das denn dann haben?"
„Ganz einfach: Du bist für den gesamten Autohandel der Spezialist und Georg wird es dann für die Werkstätten."
„Soll das bedeuten, Georg übernimmt, wenn er soweit ist, die Leitung der Werkstätten?"
„Natürlich, denn dann ist er ja dafür qualifiziert."
„Also, das passt mir überhaupt nicht."
„Und warum nicht?"
„Die Gesamtleitung des Unternehmens möchte ich haben."
„Das ist doch gar nicht möglich, denn Du bist doch kein Kfz-Meister."
„Du meinst, Kfz-Mechatroniker-Meister?"
„Ja, ja, Du Neunmalkluger. Ihr beide sollt dann das gesamte Unternehmen *gemeinsam* leiten. Das ist mein erklärter Wunsch."

Friedhelm W. brummte unwillig irgendetwas vor sich hin und zeigte damit, dass ihm die Strategie seines Vaters überhaupt nicht behagte.

Wilhelm W. wurmte es gewaltig, dass sein Ältester, dem er

eine ausgezeichnete Ausbildung ermöglicht hatte, sich nun seinen Wünschen querstellte. Da er aber noch da war, konnte er seine Söhne in die richtige Richtung bringen. Doch war er inzwischen auch nicht mehr der Jüngste. Zwar lebte er bewusst gesund. Aber man konnte ja nicht wissen …

Es erfreute den Senior ganz besonders, dass sein jüngster Sohn schließlich die Ausbildung zum Kfz-Mechatroniker schaffte und dann die erwünschte praktische Zwischentätigkeit auch in Wilhelm W.s Betrieb ableistete, also so eine Art Gesellentätigkeit.

Seinen jüngsten Sohn anschließend auch in die weitere Ausbildung zum Meister zu bringen, war Wilhelm W. aber nicht mehr möglich: Er erkrankte an Bronchitis, die sich dann in eine Lungenentzündung verschlimmerte.
Er fühlte schließlich, dass ihm nicht mehr viel Zeit verbleiben würde, und rief seine beiden Söhne zu sich ans Krankenbett, das dann bald sein Sterbebett sein sollte.
Beide Söhne zeigten sich betrübt und voller Schmerz. Wilhelm W. fühlte jedoch, dass der Schmerz bei seinem jüngsten Sohn sicher echt sei, bei dem ältesten aber mehr vorgeschoben.
Seinen baldigen Abschied von der Erde vor Augen, forderte er seinen Ältesten eindringlich auf, ihm ein feierliches Versprechen zu geben und seinem jüngeren Bruder auch die Ausbildung zum Meister zu ermöglichen.
In dumpfer Stimmung wollte Friedhelm, der Ältere, das auch ohne große innere Anteilnahme bestätigen. Da der Sterbende

seinen älteren Sohn aber kannte, verlangte er von ihm einen heiligen Schwur, dieses Versprechen auch zu halten. Schließlich sah sich der Ältere zu diesem Eid gedrängt und hob sogar seine Rechte als Schwurhand hoch und legte dieses eidliche Versprechen ab, – damit sein Vater in Ruhe sterben könne.
Der jüngere Bruder bekam das vor lauter Tränen nicht richtig mit.
Friedhelm, der Ältere, dachte insgeheim bei sich, nach dem Tod seines Vaters könne er ja doch noch alles anders regeln – wie auch immer.

Nachdem der Vater friedlich und zufrieden gestorben war, ging im Betrieb alles so weiter wie bisher. Als Georgs Einarbeitungszeit aber abgelaufen war und er zur Meisterausbildung hätte gemeldet werden sollen, tat der ältere Bruder, als habe er keinerlei Versprechen abgegeben, und unternahm zur Weiterqualifizierung seines Bruders – nichts.
Nach wochenlangem vergeblichem Warten sprach Georg schließlich seinen Bruder, den jetzigen Geschäftsführer, wegen dieser weiteren Ausbildung an:
„Friedhelm, wäre es denn jetzt nicht an der Zeit, dass ich mit der Ausbildung zur Meisterprüfung anfange?“
„Wieso? Du bist doch hier in *meinem* Betrieb tätig und verdienst als Geselle nicht schlecht.“
„Du meinst in *unserem* Betrieb.“
„Was soll denn diese Bemerkung? Ich leite den Betrieb hier erfolgreich, und das schon seit längerer Zeit. Was willst Du denn jetzt auf einmal? Geht es Dir hier nicht gut genug?“

„Doch. Darüber beschwere ich mich ja nicht. Aber unser Papa wünschte, dass ich auch die Ausbildung zum Meister machen soll. Und deshalb will ich mit Dir reden."
„Aber dafür habe ich keine Zeit. Ich habe Wichtigeres zu tun."
„Das hast Du dem sterbenden Vater versprochen. Du hast es sogar beschworen."
„Doch nur, um ihn vor seinem Tod zu beruhigen."
„Ach so, Du hältst also das nicht, was Du sogar mit einem Schwur feierlich versprochen hast?"
„Das geht Dich doch nichts an. Kümmere Dich lieber um Deine Angelegenheiten."
„Aber das sind ja meine Angelegenheiten. Ich erwarte also, dass Du mich zur Meisterausbildung meldest."
„Da kannst Du noch lange warten. Und jetzt geh wieder an Deine Arbeit. Ich habe jetzt Besseres zu tun, als mit Dir über Deine weitere Ausbildung zu reden."

Georg war wie vor den Kopf geschlagen. Sein eigener Bruder wollte sein gegebenes Versprechen nicht halten. Und schlimmer noch: Er war dabei, seinen eigenen Schwur zu brechen. Also treuloser und verräterischer konnte doch niemand sein.
Wenn das ihr gemeinsamer Vater nur je erfahren hätte! Wie gut, dass er diese Treulosigkeit nicht mehr erleben und davon offenbar auch nichts mehr erfahren musste.
So dachte Georg und ging wieder an seine Arbeit. Dabei murmelte er vor sich hin:
„Wie gut, dass Papa das nicht mehr zur Kenntnis nehmen musste."

Was Georg aber nicht für möglich gehalten hätte, war, dass sein Vater das schon alles wusste – im Jenseits:

Treulosigkeit des Älteren,
gebrochenes Versprechen und
sogar der Bruch eines feierlichen Eides

Aber er – der Vater – würde seinem ältesten Sohn eine Lektion erteilen:

In der nächsten Nacht konnte Friedhelm W. kaum einschlafen. Er musste immer wieder über das Ansinnen seines Bruders nachdenken. Wie konnte Georg nur auf so eine alberne Idee kommen? Ausbildung zum Meister mit anschließender Meisterprüfung. Das fehlte noch. Dann wäre er ja irgendwann gleichrangiger Partner und damit auch neben ihm Firmenchef. Und die gesamten Ausbildungskosten müsste das Unternehmen auch übernehmen.
Bisher hatte er es verstanden, seinen jüngeren Bruder an den jährlichen Gewinnausschüttungen nur höchst spärlich zu beteiligen und den Löwenanteil in die eigene Tasche zu leiten. Das alles würde dann anders aussehen, wenn Georg gleichberechtigter Partner wäre.
Während er – der Ältere – darüber nachgrübelte und in eine Art von Halbschlummer einnickte, war es ihm auf einmal, als würde am Fenster irgendetwas Besonderes aufleuchten. Das riss ihn aus seinem Halbschlummer hoch. Ganz entgeistert starrte er auf dieses sonderbare Phänomen:

Es war in hellem Licht eine Hand, die zum Schwur erhoben war. Er sah ganz deutlich den abgewinkelten Daumen und die beiden nach oben gestreckten vorderen Finger. Ja, das war die deutliche Abbildung seiner eigenen Schwurhand, die er dem sterbenden Vater gezeigt hatte, als er ihm mit feierlichem Eid versprach, seinen jüngeren Bruder zum Meister ausbilden zu lassen und dann als gleichrangigen Partner in die Autofirma zu übernehmen.

Das konnte doch nicht wahr sein: seine Schwurhand! Was sollte denn dieser Spuk? Er schaute woandershin. Doch seine zum Schwur erhobene Hand ließ ihn nicht mehr los. Darum schaute er wieder auf das Fenster; und seine schwörende Hand war immer noch zu sehen.
Er versuchte, sich von der Hand loszureißen, drehte sich im Bett auf die andere Seite und machte die Augen zu, konnte aber nicht richtig einschlafen. So beschäftigte ihn die Schwurhand innerlich.

Morgens stand er wie gerädert auf und konnte diese Erscheinung nicht vergessen. Aber immerhin war sie tagsüber nicht mehr zu sehen. Doch am nächsten Abend war sie wieder da. Und so ging es jeden Abend. Diese Hand ließ Friedhelm W. einfach nicht mehr los. Schließlich drohte er regelrecht durchzudrehen. Er verhielt sich mehr und mehr wie ein ausgesprochenes Nervenbündel. So konnte es doch nicht mehr weitergehen!

Schließlich suchte er einen Psychiater seines Vertrauens auf, von dem er sich eingehend untersuchen ließ. Ihm schilderte er seine Erlebnisse mit der Schwurhand, woraufhin der mit ihm dieses Phänomen in aller Gründlichkeit erörterte:

„Herr W., seit wann haben Sie diese Erscheinung?“
„Seit mehreren Wochen.“
„Sehen Sie diese Hand auch tagsüber?“
„Nein, nur am Abend und wohl auch nachts.“
„Gab es in Ihrem Leben einen besonderen Anlass für diese Schwurhand?“
„Ja, ich habe meinem Vater irgendein Versprechen gegeben.“
„Haben Sie dabei auch dieses Versprechen mit einem Eid beteuert?“
„Hm, ja, ja, ich denke schon.“
„Denken Sie nur oder war es tatsächlich so?“
„Ich meine, es war so.“
„Lebt Ihr Vater noch?“
„Nein, er ist verstorben.“
„Also Sie haben Ihrem Vater etwas eidlich versprochen.“
„Ja, ja.“
„Wann haben Sie es ihm versprochen?“
„Ist das denn überhaupt so wichtig?“
„Ja, das ist äußerst wichtig. Denn gerade davon dürfte das Erscheinungsphänomen abhängen.“
„Nun, ich denke, ich habe ihm dieses Versprechen samt Eid an seinem Sterbebett gegeben.“
„Und dann ist Ihr Vater gestorben?“

„Ja."
„Haben Sie das Versprechen denn nicht gehalten?"
„Das ist es ja, Herr Doktor. Ich habe es – hm, Sie sagen es."
„Also, Sie haben Ihr Versprechen nicht gehalten?"
„Nein."
„Jetzt müsste ich nur noch wissen, worum es bei diesem Versprechen ging."
„Muss ich das denn hier so in aller Deutlichkeit äußern?"
„Ja, Herr W., wenn ich Ihnen helfen soll, muss ich das alles genau wissen."
„Also: Ich habe noch einen viel jüngeren Bruder. Und mein Vater wollte, dass ich ihn zum Meister im Kfz-Mechatroniker-Handwerk ausbilden lasse und dann als gleichrangigen Firmenchef einsetze."
„Ich nehme an, dass Sie ja auch eine qualifizierte Ausbildung haben."
„Ja, ich habe studiert und bin Diplom-Kaufmann."
„Na, sehen Sie. Sie sind der Kaufmann und Ihr Bruder wäre dann der technische Spezialist. Das passt doch irgendwie ganz gut zusammen."
„Aber mir passt es nicht. Mein Bruder soll ja im Betrieb arbeiten, jedoch nicht als Chef."

Der Psychiater betrachtete Friedhelm W. mit einem durchdringenden Blick und ließ sich viel Zeit, ehe er mit ganz entschiedener Stimme äußerte:
„Ja, Herr W., wenn Sie wieder zu Ihrem psychischen, also seelischen Gleichgewicht zurückfinden möchten, kommen Sie

nicht daran vorbei, das Ihrem sterbenden Vater gegebene Versprechen zu halten und einzulösen."

„Und wenn ich es nicht so mache? Was dann?"

„Nun, ich bin kein Hellseher. Doch fürchte ich, dieses Phänomen, also die Erscheinung, wird nicht aufhören."

„Kann es denn nicht sein, dass das alles nur eine Halluzination ist?"

„Sie meinen eine Sinnestäuschung, also ein Trugbild? Möglich ist alles. Nun, auf dem Gebiet der Psychiatrie, also meiner Fachmedizin, habe ich schon sehr viel erlebt, aber von so etwas, wie es Ihnen wohl passiert ist, habe ich noch nie etwas gehört."

„Na, sehen Sie. Dann ist das alles mit Sicherheit nichts Ernsthaftes."

„Ja, wenn Sie meinen. Dann müssen Sie es eben mal drauf ankommen lassen."

„Und darauf können Sie sich verlassen. Ich lass es wirklich mal drauf ankommen."

Damit verabschiedete sich Friedhelm W. von dem Psychiater und war sich sicher, dass er nun seine Ruhe haben werde.

Doch es sollte anders kommen:

Spät am Abend nach dem Arztbesuch legte er sich nach vielen Vorbereitungen für den nächsten Tag erschöpft ins Bett und hoffte darauf, bald einschlafen zu können. Als er gerade einschlummern wollte, klopfte es ziemlich laut an das Fenster seines Schlafzimmers. Er fuhr auf. Wer konnte das denn wohl

sein? Sein Schlafzimmer lag ja auf der ersten Etage, und damit etwa zehn Meter hoch über dem Boden. Das Fenster konnte doch nur mit einer hohen Leiter erreicht werden.
Und da klopfte es wieder ganz laut ans Fenster. Unwillkürlich schaute er nun genauer hin. Und was sah er? Es war wieder die hochgereckte Schwurhand. Da fühlte er, wie es ihn eiskalt überlief. Aber er nahm sich vor, diesmal nicht kleinlaut aufzugeben. Er drehte sich im Bett um und versuchte nun, irgendwie einzuschlafen.
Am nächsten und übernächsten Abend wiederholte sich diese seltsame Erscheinung – verbunden mit dem lauten Klopfen.
Als sich dieses Phänomen auch am dritten Abend zeigte, hatte er auf einmal den Eindruck, als sähe er auch das bleiche Gesicht seines sterbenden Vaters. Er schloss mehrmals die Augen. Aber jedes Mal, wenn er wieder zum Fenster schaute – in der Hoffnung, nun sei dieser „Spuk“, wie er meinte, weg, – sah er die Schwurhand und das bleiche Gesicht nur noch deutlicher. Und es klopfte auch wieder ganz laut.

Das war ja nicht zum Aushalten. Also ließ er sich bei dem Facharzt für Psychiatrie wieder umgehend einen Termin geben und bestürmte den Psychiater mit der Bitte, ihm unbedingt zu helfen. Er sei sonst kurz davor, tatsächlich wahnsinnig zu werden. Der Arzt beruhigte ihn und schaute ihn ganz eindringlich an:
„Herr W., bevor ich Ihnen einen Rat geben und Ihnen helfen kann, müssen Sie mir das Phänomen ganz genau beschreiben.“

Ganz entnervt beschrieb Friedhelm W. ihm die gesamte Vision – auch mit dem Klopfzeichen und dem Gesichtsausdruck seines sterbenden Vaters.
Der Psychiater wiegte mehrmals seinen Kopf und blickte seinen Patienten mit sehr ernstem Gesicht an: „Ja, Herr W., das ist eine sehr ernste Sache. So wie Sie alles schildern, scheint es sich tatsächlich um die eindringliche Aufforderung Ihres Vaters zu handeln, der Sie an Ihr gegebenes und eidlich sogar bekräftigtes Versprechen erinnert."
„Wie kann man denn dieser Erscheinung begegnen, damit ich künftig meine Ruhe habe?"
„Ich habe den Eindruck, dass Sie nur zur Ruhe kommen können, wenn Sie das gegebene Versprechen halten."
„Und daran führt kein Weg vorbei?"
„Mit Sicherheit nicht. Ihr Vater erinnert Sie noch nach seinem Tod an Ihr Versprechen und lässt mit Sicherheit nicht locker."
„Aber er ist doch tot. Wie soll das denn nur möglich sein?"
„Ja, jetzt haben Sie aber irgendwie den Beweis, dass er nicht tot ist, sondern weiterlebt."
„Und das soll ich Ihnen glauben? Tot ist doch tot, oder etwa nicht?"
„Herr W., ich habe auch immer gedacht, wer tot ist, existiert nicht weiter. Hier sehen wir aber, dass das wohl nicht ganz stimmt."
„Aber wie soll denn mein Vater weiterleben? Seinen toten Körper haben wir doch vor einiger Zeit auf dem hiesigen Friedhof beerdigt."
„Sie müssen aber bedenken, dass nur der Körper stirbt, Seele

und Geist aber nicht."
„Seele und Geist aber nicht", echote Friedhelm W. das vom Psychiater Gehörte. Dabei schaute er völlig ratlos auf den Facharzt. Der aber konnte ihm keinen anderen Rat geben, als das gegebene Versprechen einzulösen:
„Herr W., in diesem Stadium der Geschehnisse kann ich Ihnen wirklich nichts Anderes empfehlen, als rückhaltlos zu halten, was Sie Ihrem Vater versprochen haben."
„Ja, Herr Doktor, wenn Sie das so sagen, dann muss ich das Versprechen wohl erfüllen."
„Ich kann Ihnen nichts Anderes sagen. Übrigens: Halten Sie das Versprechen, und dann werden Sie ja sehen, ob diese Erscheinungen aufhören."

Damit war er entlassen. Nach diesem Besuch beim Facharzt ließ Friedhelm W. seinen jüngeren Bruder zu sich kommen, um damit zu beginnen, in die Tat umzusetzen, was er seinem sterbenden Vater versprochen hatte:
„Georg, ich habe mir lange überlegt, Dich nun doch zur Meister-Ausbildung zu schicken."
„Tatsächlich? Das ist ja kaum zu glauben. Wann soll es denn losgehen?"
„So schnell wie möglich. Ich werde mich erkundigen und sage Dir dann Bescheid."
Georg W. konnte sein Glück kaum fassen. Natürlich erfuhr er nie, wie es bei seinem widerspenstigen Bruder zu diesem eigenartigen Sinneswandel gekommen war. Das war auch nicht nötig.

Die Hauptsache war, er konnte in seinem geliebten Handwerk weiter ausgebildet und eines Tages Meister werden.

Dies geschah dann auch. Schon bald konnte der jüngere Bruder mit der Ausbildung beginnen und schaffte es auch möglichst schnell, die Prüfungen zu bestehen und schließlich den Meisterbrief zu erhalten.
Anschließend übernahm ihn sein älterer Bruder in den Betrieb und hatte auch nichts mehr dagegen, dass Georg für die gesamte technische Leitung des Autounternehmens zuständig wurde und hatte auch nichts gegen die *formale Gleichrangigkeit* des Jüngeren.
Das war aber auch sowieso kein Problem, denn jeder der beiden Brüder hatte ja seinen Bereich und hielt sich aus der beruflichen Tätigkeit des jeweils anderen heraus:
Georg war der technische Leiter des Unternehmens, und dort achtete er auf gründliche Arbeit und exakte Leistung, sodass die Kunden der Firma nichts zu beanstanden und zu bemängeln hatten.
Und Friedhelm leitete den gesamten Verkauf neuer und gebrauchter Autos, die vielen Ausstellungen und den Einkauf von Neuwagen – und natürlich auch das gesamte umfangreiche Buchhaltungswesen.

Manchmal – in stiller Stunde – fragte er sich insgeheim, warum er damals eigentlich so ein gewaltiges Aufhebens mit dem Werdegang seines jüngeren Bruders verursacht hatte.

Und zum Schluss sei noch ergänzt:

Seitdem Friedhelm die weitere Ausbildung seines Bruders Georg veranlasst hatte, war ihm auch keine Schwurhand mehr erschienen.

WARNUNG VON DRÜBEN: EINE BEDROHLICHE ERKRANKUNG

Jedes Halbjahr ließ Hans M. sich regelmäßig „durchchecken". An sich waren seine meisten Blutwerte ohne Befund. Nur ein bestimmter Leberwert bereitete seinem Hausarzt einige Sorgen. Das war ganz besonders der Gamma-GT-Wert (γ-GT). Ist er erhöht, so weist das auf eine Erkrankung der Leber hin. Normalerweise sollte er unter hundert liegen. Bei Hans M. lag er aber bei mehr als sechshundert.

Sein Hausarzt jedoch nahm dieses Problem etwas humorvoll:

„Also, Herr M., Ihr spezieller Leberwert liegt bei mehr als sechshundert. Das ist eigentlich nicht ganz unproblematisch. Denn er sollte eigentlich unter hundert liegen."

„Waas? Ist das denn nicht gefährlich?"

„Herr M., nun mal keine Panik. Wir müssen diesen Wert im Auge behalten."

„Hat das denn einen Grund?"

„Eigentlich schon."

„Und der wäre?"

„Ja, ich denke mir mal, Sie sind so eine Art ‚Schluckspecht'."

„Was soll das denn nun wieder bedeuten?"

„Na, mögen Sie denn nicht manchmal ein bisschen zu viel Bier und Schnaps?"

„Also das trinke ich nur höchst selten."

„Aber, Herr M., von nichts kommt doch nichts. Was trinken Sie denn so tagsüber?"

„Tagsüber trinke ich überhaupt keinen Alkohol, nur abends

genehmige ich mir einige Gläser Rotwein. Das schmeckt köstlich."
„Ja, dann weiß ich es auch nicht. Aber wir müssen diesen besonderen Wert im Auge behalten."

Und so verliefen denn auch immer wieder die weiteren Untersuchungen. Und jedes Mal erwähnte der Hausarzt immer wieder „die paar Bierchen und Schnäpschen", womit er es dann auch beließ.

Hans M. fühlte sich öfter mal schlapp, hatte dafür aber stets eine Ausrede: Mal war es die Frühjahrsmüdigkeit, mal die Überarbeitung im Betrieb, dann wieder ein eventueller Schlafmangel und schließlich die Umstellung der Uhrzeit im März und Oktober.

Als er dann aber eines Tages bei einer wichtigen Versammlung fast zusammenbrach und ihn seine Frau mit Blaulicht in die nächste Klinik bringen ließ, war es ihm nun nicht mehr einerlei, denn diesmal schien sein Zustand einen ganz ernsten Hintergrund zu haben.
Folglich wurde er im Krankenhaus gründlich untersucht, doch die eigentliche Ursache seines angeschlagenen Gesundheitszustandes schien man auch dort nicht richtig zu erkennen.
Vielmehr fragte ihn der Oberarzt nach seinen Trinkgewohnheiten:
„Herr M., konsumieren Sie regelmäßig viel Alkohol?"
„Nicht, dass ich wüsste."

„Könnten Sie das etwas genauer ausdrücken?“
„Nun ja, ich trinke abends gern einige Gläser Rotwein.“
„Und sonst weiter nichts Alkoholisches?“
„Nein.“
„Wie steht es denn mit Bier und vor allem mit Schnaps?“
„Das trinke ich überhaupt nicht. Eben nur abends die paar Gläser Rotwein.“
„Na ja, Rotwein dürfte eigentlich für sich allein so bedrohliche Werte kaum verursachen.“
„Bedeutet das, dass ich auch weiterhin beim Rotwein bleiben darf?“
„Nun ja, wenn Sie gar nichts an Alkohol trinken würden, dann wäre das sicher besser.“
„Aber, Herr Doktor, der Rotwein ist mein einziger Genuss am Abend. Wollen Sie mir das etwa verbieten?“
„Hm“, dehnte der Oberarzt. „Was soll man dazu sagen?“
„Herr Doktor, haben Sie denn faktische Gründe, dass der Rotwein für mich lebensgefährlich ist?“
„So direkt eigentlich nicht.“
„Na also, dann kann ich ja so weitermachen wie bisher.“

Und das tat Hans M. dann ja auch. Aber er fühlte sich nach wie vor schlapp und müde. Die Gamma-GT-Werte besserten sich nicht. Das zeigte eine erneute Blutuntersuchung. Als er schließlich irgendwann wieder fast zusammenklappte, ließ seine Frau ihn diesmal in ein anderes Krankenhaus bringen. Auch dort wurde sein Blut eingehend untersucht. Wieder stellte man die gleichen oder ähnlichen Fragen, ohne dass jemand genau her-

ausfand, wieso dieser spezielle Leberwert so enorm hoch war.
So lag Hans M. am Abend wieder einsam und allein in seinem Krankenzimmer – nur diesmal ohne Rotwein – und grübelte vor sich hin:
Sollten seine Tage denn schon gezählt sein?
Hatte er nur noch kurze Zeit zu leben?
Er war doch noch verhältnismäßig jung und nur ein paar Jahre verheiratet.
Seine Frau und er wünschten sich sehnlichst Nachwuchs, und da machte er schlapp.
Wie konnte es nur so weit kommen?
Gab es denn auch in diesem Krankenhaus keinerlei Möglichkeit, ihn richtig auszukurieren und schließlich zu retten?
Was waren das denn nur für Ärzte?

Wie er so vor sich hin überlegte und verzweifelt über seinen Gesundheitszustand nachdachte, war es ihm auf einmal, als ob sich die auf Halbdunkel herabgedimmte Beleuchtung ganz allmählich aufzuhellen begann. Zunächst fiel ihm diese Zunahme der Helligkeit kaum auf. Aber schließlich merkte er doch, dass es in seinem Zimmer immer heller wurde.
Und dann erblickte er in diesem hellen Licht …
… aber das alles berichtet er uns besser mit seinen eigenen Worten:

In dem immer heller werdenden Licht sah ich ganz von Weitem irgendeine Gestalt auf mich zukommen. War das denn wirklich jemand, der auf mich zukam?

Oder war das irgendeine Sinnestäuschung, ein Trugbild, das meinem überreizten Hirn entsprang? Oder war es ein Traum? Aber das konnte es auch nicht sein, denn ich schlief ja nicht und war hellwach.

Aber da erkannte ich auch schon die sich nähernde Person: Es war meine Mutter. Ja, es war wirklich meine Mutter. Doch wie konnte ich sie hier leibhaftig vor mir sehen, wo sie ja schon etliche Jahre lang tot war?

Als ich über diese Frage noch nachgrübelte, da sprach sie mich auch schon an:

„Hans, mein lieber Hans, jetzt wunderst Du Dich, Deine Mutter noch einmal vor Dir zu sehen und sie sogar sprechen zu hören."

„Mama, bist Du das denn tatsächlich?"

„Warum soll ich es denn nicht selbst sein?"

„Du bist doch schon so lange tot?"

„Na und? Du siehst und hörst doch, dass ich noch lebe."

„Wie ist das denn nur möglich?"

„Sieh mal, Hans. Für Euch bin ich natürlich tot. Aber meine Seele und mein Geist sind nicht mitgestorben. Sie leben über den Tod hinaus weiter."

„Können sie denn nicht auch sterben?"

„Nein, das ist unmöglich. Denn unser Schöpfer hat uns alle – Dich auch – so geschaffen, dass nur unser Körper sterblich ist. Geist und Seele sind es aber nicht."

„Ja, wo lebt Ihr denn weiter?"

„Die Frage musst Du eigentlich anders stellen."

„Und wie?"

„Auf welche Weise lebt Ihr weiter? So müsstest Du die Frage stellen."
„Ja gut, und wie lautet Deine Antwort?"
„So: Unser Weiterleben nach dem Tod auf Erden gestaltet sich in der jenseitigen Welt. Dazu brauchen wir aber weder Raum noch Zeit. Wir leben vielmehr in einer lebendigen und glücklich machenden Gemeinschaft mit dem höchsten Wesen."
„Das verstehe ich zwar nicht, aber wenn Du es mir sagst, dann muss ich es ja auch so annehmen."
„Ja, mein Junge, es ist tatsächlich so."
„Mama, fühlst Du Dich denn da wohl?"
„Aber ohne die geringste Einschränkung. Ich bin glücklich. Dagegen war das Leben auf der Erde die reinste Plackerei. Das musste natürlich so sein, denn dort hatten wir unsere vielen Aufgaben. Und ich denke, so gut ich es konnte, habe ich das alles auch gemacht."
„Dann käme ich also auch einmal in diese Glücksgemeinschaft?"
„Wenn Du Deine Pflichten ordentlich erfüllst. Dazu gehört vor allem auch, dass Du ein anständiger Mensch bist und Dich auch Deinen Mitmenschen gegenüber hilfsbereit und human zeigst."
„Das ist aber nicht immer leicht."
„Wem sagst Du das? Das ging auch mir immer so. Doch denke ich, dass ich es geschafft habe."
„Mama, das ist ja wunderbar. Ich freue mich für Dich. Und ich meine, das hast Du auch verdient."
„Gut, mein Junge, nach dieser langen Einleitung sollte ich nun

auf den Grund kommen, warum ich jetzt bei Dir bin. Es geht um Deine Gesundheit.“

„Ja, deshalb liege ich ja auch hier im Krankenhaus.“

„Haben sie Dich auch richtig untersucht?“

„Ich denke schon.“

„Du warst doch auch bereits in einer anderen Klinik.“

„Da haben sie nicht geholfen. Deshalb bin ich nun ja hier.“

„Und hier werden sie Dir nur helfen, wenn sie das Richtige kontrollieren.“

„Aber sie haben mir ja schon eine Menge Blut abgenommen.“

„Und was haben sie festgestellt?“

„Ich hätte einen bestimmten Leberwert besonders hoch. Das könnte negativ ausgehen.“

„Und was geschieht dagegen?“

„Sie reden immer davon, dass ich Bier und Schnaps trinken würde. Aber so etwas trinke ich doch kaum, nur am Abend schon mal paar Gläser Rotwein.“

„Siehst Du, Hans, das ist es: Rotwein und ähnliche Getränke. Sie führen zu einer bestimmten Art von Eisenablagerung.“

„Aber was hat das denn mit Eisen zu tun?“

„Natürlich hat das mit richtigem Eisen nichts zu tun. Das ist vielmehr eine medizinische Ausdrucksweise. Sie nennt sich auch Eisenspeicherkrankheit. Die Fachärzte haben dafür ein ganz bestimmtes Fremdwort.“

„Und was soll ich denn jetzt tun?“

„Wenn die Ärzte nach all ihren Untersuchungen von selbst nicht darauf kommen, dann musst Du sie eben darauf hinweisen.“

„Die werden sich doch von mir, einem Laien, keine Vorschriften machen lassen."
„Doch das ist für Dein Weiterleben von größter Wichtigkeit. Wenn das nicht richtig untersucht und behandelt wird, steigt dieser Leberwert immer weiter an, und dann hast Du nicht mehr lange zu leben."
„Oh, Mama, das ist ja schrecklich. Und ich hatte mir noch ein langes Leben und eine große Familie gewünscht."
„Die wirst Du auch haben. Aber nur, wenn Du bei den Ärzten nicht klein beigibst."
„Mama, jetzt habe ich aber noch eine Frage: Woher weißt Du das denn alles, was Du mir da gesagt hast?"
„Hans, mein Junge, nach meinem Tod kann ich ohne meinen damals abschirmenden Körper auch in die ferne Zukunft schauen und erkennen, was dann alles geschieht. – Und jetzt wünsche ich Dir alles Gute."

Und damit nahm der Lichtschein immer mehr ab, und das Gesicht meiner Mutter verblasste.
Ich hatte meine Mutter noch weiter fragen wollen, woher sie das denn alles so genau wisse. Aber da war sie nicht mehr da und ich wieder allein.
An dieses Gespräch mit meiner Mutter musste ich noch die ganze Nacht denken. Am Morgen war ich wie gerädert. Aber einen wichtigen Punkt hatte ich behalten: Eisenspeicherkrankheit. Und danach wollte ich den Oberarzt fragen, wenn er durch die Untersuchungen nicht selbst darauf kommen sollte.

Aber darauf kam er nicht: Bei der Visite um zehn Uhr sprach er nur von äußerst hohen Leberwerten, vor allem von dem Gamma-GT-Wert. Als ich den Grund dafür wissen wollte, reagierte er ungehalten:
„Was wollen Sie denn alles wissen? Sie werden wohl zu viel Alkohol konsumieren."
„Dazu kann ich Ihnen nur sagen, dass ich weder Bier noch Schnaps trinke, nur schon mal abends etwas Rotwein."
„Also davon können Sie mit Sicherheit keinen derart hohen Leberwert haben."
„Und was ist mit so etwas Ähnlichem wie der Eisenspeicherkrankheit?"
„Woher haben Sie das denn?"
„Ich habe von jemand gehört, diese Krankheit könnte vielleicht auch den hohen Leberwert verursachen."
„Jetzt lassen Sie mal diese Belehrung von laienhaften Außenstehenden beiseite. Wir wissen schon selbst, was wir medizinisch zu tun haben."

Damit verließ mich der Oberarzt mit seiner Begleitung ganz ungnädig.
Ich war ziemlich niedergeschlagen. Ausgerechnet mit der vermutlichen Hauptursache meiner Erkrankung wollte sich der Oberarzt nicht befassen.

Da erinnerte ich mich an die Ermahnung meiner Mutter:
„... aber nur, wenn Du bei den Ärzten nicht klein beigibst ..."

Das bestärkte mich. Jetzt nahm ich mir vor, aufs Ganze zu gehen:
Tagsüber setzte ich alles daran, einen Termin beim Oberarzt zu bekommen. Als ich ihm nach langen Bemühungen endlich gegenübersaß, verlangte ich, er solle eine spezielle Blutuntersuchung im Hinblick auf eine eventuelle Eisenspeicherkrankheit mit möglichen Eisenablagerungen veranlassen.
Nach sehr viel Gerede und versuchten unnötigen Beschwichtigungen bequemte er sich schließlich, mir wieder Blut abnehmen und das untersuchen zu lassen.
Eine Woche lang lag ich im Ungewissen. Nur meine Frau tröstete mich bei ihren regelmäßigen Besuchen und versuchte, mich immer wieder seelisch aufzurichten und mir Mut zuzusprechen.
Aber noch mehr klammerte ich mich an die Worte meiner Mutter, nur ja nicht klein beizugeben.

Die Visiten brachten täglich außer irgendwelchem nichtssagendem Gerede nicht viel. Aber da geschah es: An einem Mittwochmorgen besuchte mich der Oberarzt. Diesmal aber allein.
Er war besonders freundlich und begann – ganz gegen seine sonstige Gewohnheit – sehr umständlich: „Also, wer hätte so was für möglich gehalten? Da forschen wir doch auf allen möglichen Ebenen und medizinischen Feldern. Und da stellen wir auf einmal fest ...“
Ich schaute ihn ganz erstaunt an, als wäre er ein Huhn und wollte ein Ei legen, käme aber nicht richtig dazu.
Er musste wohl meinen erstaunten Blick bemerkt haben und

fuhr ganz verlegen fort:
„... ja, da stellen wir fest, dass wir einem Gebiet wohl nicht so viel Bedeutung beigemessen haben, wie es sicherlich angebracht gewesen wäre."
„Herr Doktor, und das wäre?"
„Hm, Sie haben tatsächlich eine Hämochromatose."
„Und was ist das?"
„Ja, man nennt sie auch Eisenspeicherkrankheit."
„Also, auf die ich sie ja schon hingewiesen habe."
„Ja, ja, ja, aber wer hätte denn so etwas für möglich gehalten?"
„Sehen Sie. Was muss denn jetzt mit mir passieren?"
„Sie brauchen eine ganz bestimmte Therapie. Aber das werden wir hier ganz speziell veranlassen. Zunächst müssen wir Ihnen ein kleines Quantum Blut abnehmen."
„Geht es dabei wieder um eine Untersuchung?"
„Diesmal nicht. Man sagt dazu auch „Aderlass", damit Ihr Blut und einige innere Organe allmählich von Eisenablagerungen entlastet werden."
„Gut, Herr Doktor, ich habe nichts dagegen. Wann soll es beginnen?"
„Möglichst noch heute. Außerdem geben wir Ihnen auch eine Liste mit Artikeln, auf die Sie in Zukunft leider verzichten müssen, vor allem auf Rotwein."
„Und den habe ich immer so gern getrunken."
„Na, wenn es denn sein muss. Sie können sich ja vielleicht auch auf andere Getränke umstellen."
„... wie etwa auf Bier, das Sie ja bisher als Verursacher für

meine Erkrankung angesehen haben.“
Darauf sagte der Oberarzt nichts, wollte dann aber doch noch wissen:
„Sie sprachen vor einigen Tagen auf einmal von dieser Eisenspeicherkrankheit. Wer hat Sie denn darauf gebracht?“
„Meine Mutter.“
„Ist sie denn auch eine Kollegin?“
„Nein. Sie ist vielmehr seit Jahren tot.“

Das Gesicht, das der Oberarzt nun zog, vergesse ich so bald nicht. Er schaute mich an, als sei ich nicht ganz bei Trost. Dann hielt er aber doch noch eine weitere Frage für sinnvoll:
„Woher sollte denn Ihre tote Mutter so etwas nun wissen?“
„Sie kann in ihrem jetzigen Leben auch in die weitere Zukunft schauen, und daher hat sie es mir so vorhergesagt.“
„Also das hätte ich nicht für möglich gehalten. Das würde ja bedeuten, dass es nach dem Tod irgendwie weitergeht.“
„Und wenn es so wäre?“
„Ja, dann weiß ich auch nicht weiter. Aber jedenfalls hat Ihre Mutter mit ihrer Vorhersage das Richtige getroffen.“

Sie hatte auch sonst alles richtig vorhergesagt:
Ich wurde aufgrund der richtigen Einschätzung meiner Erkrankung und der entsprechenden ärztlichen Behandlung gesund, mein fraglicher Leberwert normalisierte sich.
Auch mein Familienleben entwickelte sich vorzüglich: Unsere Familie wuchs höchst erfreulich: Wir bekamen noch drei gesunde Kinder, zwei Töchter und einen Sohn.

Und in stillen Stunden musste ich immer wieder an meine Mutter denken und danke ihr auch heute noch für

ihren rettenden Hinweis von drüben.

WARNUNG VOR EINEM TÖDLICHEN HERZINFARKT

Eigentlich war er ganz zufrieden mit dem Ergebnis seiner ärztlichen Untersuchung. Albert D. war gerade bei seinem Hausarzt gewesen, und der hatte umfangreiche Untersuchungen mit ihm angestellt, darunter auch ein Elektrokardiogramm, kurz auch EKG genannt, hatte seinen Blutdruck gemessen und sein Blut auch selbst untersucht. Zufrieden äußerte sich der Hausarzt über seinen allgemeinen Gesundheitszustand:
„Herr D., sie sind gesund wie ein Fisch im Wasser."
„Das ist ja erfreulich. Aber ich habe trotzdem – vor allem in der Brustgegend – so ein komisches Gefühl."
„Aber, Herr D., Sie sind ja, wie ich weiß, Berufsschullehrer, und da gibt es sicher manchen Stress."
„Ja, da sagen Sie was. Ich habe Berufsschüler im Fach Metalltechnik. Und die sind weiß Gott nicht einfach. Darunter gibt es ausgesprochene Rüpel, um nicht zu sagen, Flegel."
„Sehen Sie, und das belastet unter anderem Ihren Kreislauf. Ihre Beschwerden haben mit Sicherheit psychische Ursachen. Aber rein körperlich kann ich Ihnen zu Ihrem Gesundheitszustand eigentlich nur gratulieren."

Und damit wurde Albert D. mit Handschlag verabschiedet:
„Also, Herr D., dann bis zum nächsten Mal, vor allem wenn es wieder um Ihre halbjährliche Gesundheitsüberprüfung geht."
Albert D. verließ den Arzt und war irgendwie beruhigt. Das innere Unwohlsein beachtete er nicht weiter.
Seine Frau war um seine Gesundheit sehr besorgt. Um ihren

vielen Fragen zu entgehen, zog er sich in sein Arbeitszimmer zurück, um sich für den morgigen Tag in der Schule noch entsprechend vorzubereiten. Als er allein war, hoffte er, sein Unwohlsein werde schon wieder von selbst aufhören. Aber da täuschte er sich. Deshalb legte er sich auf eine kleine Liege in seinem Arbeitszimmer, um etwas auszuruhen, und starrte unschlüssig an die Decke.

Und dabei war es ihm auf einmal, als sähe er über sich zunächst ganz schemenhaft so etwas wie ein Gesicht. Zunächst war es noch ganz undeutlich. Daher nahm er an, seine Nerven seien vor lauter Stress nur überreizt, und dieser eigenartige Eindruck werde sich sehr bald verlieren. Doch auch darin täuschte er sich. Denn das schemenhafte Gesicht nahm mehr und mehr einen richtigen Ausdruck an und war immer deutlicher zu erkennen. Auf einmal war er hellwach: Denn er erkannte genau, wem dieses Gesicht gehörte. Das war ja seine Mutter. Seine Mutter? War das eine Täuschung, ein Trugbild, also so etwas wie eine Halluzination?

Noch rätselte er darüber, ob das denn nun wirklich seine Mutter sein könne, da begann das Gesicht auch schon zu reden.

Und darüber berichtete Albert D. zu einem späteren Zeitpunkt Folgendes:

„Albert, mein Liebling, Dir geht es offensichtlich gar nicht gut."

Statt auf ihre Äußerung zunächst einzugehen, fragte ich sie ganz erstaunt:

„Mutti, bist Du das wirklich?"

„Ja, ich bin es, Deine Mutti.“
„Wie kommst Du denn jetzt auf einmal hierher?“
„Ich komme zu Dir, weil ich mir um Deine Gesundheit Sorgen mache.“
„Du bist doch schon seit Jahren tot.“
„Das stimmt nur für mein Leben bei Euch.“
„Für Dein Leben bei uns? Das verstehe ich nicht. Lebst Du denn irgendwo noch weiter?“
„Ja, in der anderen Welt.“
„Was ist das denn für eine Welt?“
„Man sagt auch Jenseits oder jenseitige Welt dazu.“
„Und wie geht es Dir da so?“
„Sehr gut. Bei meinem Tod ist nur mein Körper gestorben. Geist und Seele leben aber weiter. Das ist auch der Grund, weshalb Du mich heute sehen kannst.“
„Wie lebt Ihr denn in dieser anderen Welt?“
„Wir leben in der Gemeinschaft mit dem höchsten Wesen und sind sehr glücklich. So glücklich habe ich auf der Erde nicht leben können.“
„Aber Du und Vater, Ihr wart doch auch glücklich.“
„Ja, mein Liebling, das stimmt. Aber trotzdem ist das kein Vergleich mit dem jetzigen Leben.“
„Das hätte ich ja niemals für möglich gehalten: Nach dem Tod noch weiterzuleben.“
„Und trotzdem, Albert, ist es tatsächlich so.“
„Da freue ich mich aber wirklich von Herzen darüber.“
„Ja, Albert. Aber etwas Anderes freut mich nicht.“
„Und das wäre?“

„Dein Gesundheitszustand."

„Wieso? Ich war doch heute bei unserem Hausarzt. Er hat mich untersucht, und sogar das EKG hat nichts Schlimmes gezeigt."

„Das sagt nicht viel. Denn diese Untersuchung zeigt nur das, was vorbei ist. Was aber kommt, darüber sagt es kaum etwas."

„Und was soll denn da kommen?"

„Eine schwere Herzschädigung kommt auf Dich zu, wenn Du nicht so schnell wie möglich in fachärztliche Behandlung kommst."

„Waas? Fachärztliche Behandlung? Wo soll ich die denn finden?"

„Im städtischen Krankenhaus und dort in der kardiologischen Abteilung."

„Was soll denn bei meinem Kreislauf nicht in Ordnung sein?"

„In Deinem Herzen zeichnet sich ein schwerer Herzinfarkt ab, mit Sicherheit sogar ein dreifacher Infarkt."

„Oh, da ist ja höchste Eile geboten. Was soll ich denn nur machen?"

„Deine Frau soll über den Notruf den Notarzt- und Krankenwagen bestellen, der Dich umgehend ins Krankenhaus bringt. Den Arzt musst Du auf die Vorzeichen für einen drohenden Herzinfarkt hinweisen. Dann weiß er, was er zu tun hat."

„Mutti, woher weißt Du das denn alles?"

„In unserer geistigen Welt können wir ohne Abschirmung durch den Körper auch in die fernste Zukunft schauen. Und deshalb weiß ich alles über Deinen Gesundheitszustand, und wie es mit Dir weitergeht. Doch genug geredet. Jetzt müsst Ihr

Notarzt und Krankenwagen bestellen. Vielleicht melde ich mich später noch einmal. Und nun alles Gute."

Mit diesen Worten verschwand der klare Gesichtsausdruck: Meine Mutter hatte sich eindeutig verabschiedet.
Und ich informierte schleunigst meine Frau, die dann auch – höchst besorgt, aber beherzt – unverzüglich durch den Notruf veranlasste, dass sich ein Notarzt meiner annahm und ich so schnell wie möglich ins städtische Krankenhaus kam und dort in der Kardiologie Aufnahme fand.
Nach einer speziellen Untersuchung erhielt ich ganz besonders intensive Infusionen, die einem zweifellos bevorstehenden schweren Herzinfarkt zuvorkommen und entgegenwirken sollten.
Und weiter?
Sie wirkten auch tatsächlich gegen diesen gefährlichen Infarkt. Ich lag lange Zeit auf der Intensivstation, wo man mich immer wieder eingehend untersuchte.
Wie es um mich gestanden hatte und nun auch stand, erklärte mir der Oberarzt, wozu er sich auch genügend Zeit nahm:
„Herr D., da sind Sie aber geradezu dem Tod von der Schippe gesprungen. Viel hätte nicht gefehlt, und mit Ihnen wäre es aus gewesen."
„War es denn tatsächlich so schlimm?"
„Also „schlimm" ist viel zu wenig gesagt. Ihr Leben hing an einem hauchdünnen Faden."
„Also ohne Ihre Behandlung hier würde ich jetzt wohl nicht mehr leben?"

„Ja, so ist es. Sie hatten nämlich nicht nur einen einfachen Herzinfarkt, auch keinen zweifachen."

„Sondern?"

„Sie hatten sogar einen dreifachen Infarkt."

„Das ist ja ganz furchtbar. Und wie ist da denn die Überlebenschance."

„Die ist 1:10.000."

„Könnten Sie mir das denn etwas näher erläutern?"

„Aber gern. Von zehntausend Patienten mit einem Dreifach-Infarkt überlebt höchstens einer."

„Bedeutet das, dass ich dieser eine bin?"

„Das stimmt. Und das gilt aber auch nur, weil Sie so ziemlich im Schlussverlauf des Entstehens dieser akuten Blutgefäßverstopfung und der Infarktbildung in unsere Kardiologie, also die Herz-Kreislauf-Abteilung, gekommen sind."

„Was wäre denn gewesen, wenn ich erst in der Nacht damals oder erst am Morgen hierher gekommen wäre?"

„Dann hätten Sie nicht überlebt, und ich könnte folglich jetzt nicht mit Ihnen sprechen."

„Ooh! Das ist ja furchtbar."

„Ja, und es wäre für Sie noch viel furchtbarer ausgegangen."

„Also, dann bin ich regelrecht sprachlos."

„Warum das denn? Nur weil Sie im allerletzten Augenblick zu uns gekommen sind?"

„Das natürlich auch. Aber eigentlich noch viel mehr aus einem völlig anderen Grund."

„Darf man den erfahren?"

„Aber sicher. Der Grund ist, dass ich im letzten Moment ge-

warnt wurde.“

„Wer hat Sie denn gewarnt?“

„Meine Mutter.“

„Ihre Mutter? Dann muss sie ja schließlich auch Medizin – und genau genommen Kardiologie – studiert haben.“

„Überhaupt nicht. Meine Mutter war zwar sehr klug und belesen, aber übte zuletzt keinen Beruf mehr aus. Denn sie war zum Schluss Hausfrau.“

„Aber das hat sie nicht davon abgehalten, Ihnen den richtigen Hinweis zu Ihrer Lebensrettung zu geben. Übrigens würde ich mich mit einer so klugen Dame gern einmal unterhalten.“

„Das ist leider nicht möglich. Denn meine Mutter ist schon seit einigen Jahren tot.“

Das Gesicht, das der Oberarzt jetzt zeigte, war ungeheuerlich. Sein Mund stand eine Zeit lang sperrangelweit offen. Erst nach einer Weile schien er sich gefangen zu haben, ehe er wieder reden konnte:

„Herr D., Sie sind doch von Beruf Lehrer an berufsbildenden Schulen. So habe ich es jedenfalls gelesen. Und da nehme ich an, dass Sie geistig sehr rege sind, oder?“

„Aber sicher. Und weshalb fragen Sie so eigenartig?“

„Ja, die Sache mit dem Rat der toten Mutter, das will mir nicht so recht in den Kopf kommen.“

„Und Sie meinen, ich sei nicht so ganz klar in meinem Kopf?“

„Nun, so direkt wollte ich es nicht ausdrücken.“

„Trotzdem haben Sie es so gemeint.“

„Da könnten Sie recht haben. Wo ist es denn nur möglich, von

einer toten Frau den Hinweis auf einen drohenden Herzinfarkt zu erhalten?"

„Das ist auch schwer zu verstehen. Auch ich habe es ja kaum glauben können, als meine verstorbene Mutter mich an jenem Abend eindringlich vor diesem Infarkt gewarnt hat und mich dazu brachte, mich noch an dem betreffenden Abend unverzüglich hier in Ihre Klinik bringen zu lassen. Aber es war tatsächlich so."

„Also ich dachte immer, mit dem Tod hört das Leben auf, und dann geschieht nichts mehr weiter."

„Das dachte ich ursprünglich auch. Aber da hat mich meine Mutter eines anderen belehrt."

„Und was hat sie angeblich so gesagt?"

„Sie sagte, bei ihrem Tod sei nur der Körper gestorben, Geist und Seele würden aber weiterleben. Sie könnten nicht sterben und vergehen."

„Merkwürdig, höchst merkwürdig. Wenn ich das hier erzähle, glaubt mir kein Mensch."

„Aber es ist so, Herr Doktor. Den besten Beweis haben Sie doch in mir und meiner rechtzeitigen Rettung vor dem tödlichen Infarkt."

„Ja, ja, das ist ja alles sehr eigenartig", erwiderte der Oberarzt außerordentlich gedankenverloren.

Und dann geschah noch etwas:

An einem Nachmittag, als ich nach den üblichen Spezialübungen zur gezielten Aktivierung des Kreislaufs in meinem Zimmer ruhte und mich mit der Lektüre medizinischer Fachliteratur befasste, sah ich – ähnlich wie an dem damaligen Abend – auf einmal vor mir ein sich langsam entwickelndes Bild vor mir, das zuerst verschwommen wirkte, dann aber immer deutlicher wurde: Es war wieder das Gesicht meiner Mutter.

Jetzt war ich aber ganz gespannt. Damals war ich ziemlich ungläubig gewesen. Doch meine Mutter hatte mir ja erklärt, dass sie – wenn auch in einer anderen Welt – weiterlebe.

Nun war sie wieder da. Ich war mir sicher, dass sie diesmal wieder eine wichtige Nachricht hatte.

Jetzt redete ich sie an:

„Mutti, ich danke Dir herzlich für Deinen rettenden Hinweis. Ohne Dich und Deine warnende Nachricht wäre ich jetzt nicht mehr am Leben."

„Albert, das weiß ich. Es war aber auch gut, dass Du mir geglaubt und dann unverzüglich gehandelt hast. Und wie geht es Dir jetzt?"

„Von Tag zu Tag besser. Ich nehme dauernd an Bewegungsübungen teil, wodurch der Kreislauf immer wieder stabilisiert und auf die Phase nach der Krankheit eingestellt wird."

„Danach musst Du auch noch an einer langen Reha-Maßnahme teilnehmen. Sie wird Dir guttun."

„Und wie geht es mit mir dann weiter?"

„Du wirst wieder richtig gesund werden. Aber eine Sache ist noch ganz besonders wichtig: Du musst alles tun, um an eine andere Berufsschule zu kommen."

„Warum das denn?"

„Albert, mein Junge, diesen schweren Herzinfarkt hast Du in erster Linie nur durch die schwierige Arbeit und den vielen

Ärger in Deiner jetzigen Schule bekommen.“

„Ja, Mutti, aber nach meiner Genesung muss ich da doch wieder hingehen.“

„Und das sollst Du eben nicht machen. Lass Dich an eine andere Berufsschule mit dem gleichen Fach versetzen. Es gibt im östlichen Landkreis rund um die Stadt eine Berufsschule, deren Leitung und Schüler auf Deine Gesundheit Rücksicht nehmen. In Deiner jetzigen Schule war das anders.“

„Aber ich kann doch nicht einfach verlangen, dass man mich dorthin versetzt.“

„Doch das kannst Du. Nimm irgendwann während einer Reha-Pause Kontakt zur Schulbehörde auf, schildere Deine Erkrankung und beantrage die Versetzung an die andere Schule.“

„Und Du meinst, die machen das?“

„Ja, die machen das. Wenn Du an Deiner jetzigen Schule nämlich bleibst, hast Du bald erneut einen Infarkt. Und den würdest Du nicht überleben. Also tu, was ich Dir sage.“

„Ja, Mutti. Und nochmals herzlichen Dank für alles.“

Und so machte ich es dann auch:

Noch während meiner Reha-Zeit nahm ich Kontakt zur betreffenden Schulbehörde auf, schilderte dort meine Gesundheitssituation und beantragte die Versetzung an die östlich von der Stadt gelegene Berufsschule des Landkreises, worauf mich meine Mutter hingewiesen hatte.

Dann passierte es auch tatsächlich: Ich wurde dorthin versetzt. Die Arbeit an dieser anderen Schule war im Vergleich mit der an der früheren Berufsschule wie der Unterschied zwischen

Tag und Nacht. An der dortigen Schule arbeitete ich fortan erfolgreich, glücklich und zufrieden.
Und Probleme mit Herz und Kreislauf habe ich seitdem auch nicht mehr.

Mutti sei Dank!

DER DEFEKTE AUFZUG – WARNUNG AUS DEM JENSEITS

Martin L. hatte als Versicherungskaufmann sein Büro im achten Stock eines zehnstöckigen Hochhauses. Dorthin konnte man unmöglich zu Fuß gehen. Aber wozu gab es denn den Aufzug?

Den benutzte er ja auch jeden Morgen und jeden Abend. Vor allem abends war er so gestresst und müde, dass er sich zum Lift schleppte und froh war, wenn er unten heil ankam und dann nach Hause fahren konnte.

So hatte er es auch an jenem Dienstag vor. Doch es kam anders:

Am Abend vorher saß er noch an seinem heimischen Schreibtisch und arbeitete auch dort Dienstpost auf, zu der er in seinem Büro nicht gekommen war. Hinzu kam seine Privatpost.

Während er sich zu Hause durch den Poststapel durcharbeitete, war es ihm auf einmal, als sähe er in dem gerade vor ihm liegenden Brief einen eigenartigen Lichtschimmer mit einem schemenhaft wirkenden menschlichen Kopf. Da er schon ziemlich müde war, hatte er zunächst nicht die nötige Aufmerksamkeit, um sich auf diesen schemenhaften Bildschein zu konzentrieren. Vielmehr versuchte er, den Brieftext zu lesen, um darauf zu antworten.

Aber er kam nicht dazu. Denn jetzt wurde dieses irgendwie schimmernde Bild heller und immer heller. Und auf einmal war seine Müdigkeit wie weggeblasen. Denn er erkannte die Person auf diesem Bild.

Es war sein vor einigen Jahren schon verstorbener Vater.
Das konnte doch nicht wahr sein. Denn sein Vater war ja schon einige Jahre tot. Wie sollte er denn jetzt hier vor ihm erscheinen? Schließlich war er ja – schon allein durch seine vielschichtige Tätigkeit als Versicherungskaufmann – ein überaus realistisch eingestellter Mensch, der sich von etwaigen Vorstellungen eines Lebens nach dem Tod nicht einnehmen ließ. Daran glaubte er nicht. Wenn jemand starb, dann war er für ihn weg: tot – aus – Ende!
Doch jetzt irritierte ihn dieses über seinen Briefen aufgetauchte Gesicht, und zwar ausgerechnet das seines toten Vaters. Weil er diesem Gesichtseindruck seines Vaters nicht traute, suchte er in seiner Wohnung nach einem Foto des Verstorbenen. Als er es dann gefunden hatte, verglich er es mit dem Gesicht über seiner Post. Er hatte gehofft, dieses Gesicht würde wieder verschwinden. Aber da hatte er sich getäuscht. Denn es blieb beharrlich auf seinem Platz über den Briefen.
Nun nahm er das aufgefundene Foto und verglich es tatsächlich mit dem Gesicht vor sich. Und musste feststellen, dass es wirklich und wahrhaftig sein Vater war. Ja mehr noch, auf einmal wuchs aus diesem Bild sein Vater hervor – mit seiner ganzen Gestalt, so wie er den Verstorbenen noch in Erinnerung hatte. Da war doch kaum noch ein Irrtum möglich. Während er noch lange über Schein oder eventuelle Wirklichkeit nachgrübelte, kam sein Vater ihm zuvor und redete ihn an, sodass nun wohl jeder Zweifel ausgeschlossen sein musste.
Und darüber berichtete Martin L. zu einem späteren Zeitpunkt ausführlich:

Ich konnte mir kaum erklären, dass nun mein Vater vor mir auftauchte. Denn er war ja schon lange tot. Während ich noch darüber nachdachte, kam mein Vater meinem Zweifel zuvor und sprach mich an:

„Martin, mein Sohn, ich sehe es Dir an, dass Du das für unmöglich hältst, mich jetzt hier vor Dir zu sehen. Aber ich bin es wirklich."

„Aber, Papa, Du bist doch schon eine Weile tot. Wie ist es denn dann nur möglich, dass Du jetzt hier vor mir stehst?"

„Natürlich bin ich dem Körper nach tot. Aber nicht meiner Seele und meinem Geist nach. Da lebe ich weiter."

„Da lebst Du weiter?"

„Sieh mal, Martin, Du denkst wohl, der menschliche Körper ist alles an einem Menschen. Er besteht also nur aus seinem Körper und aus sonst nichts."

„Ja, so schätzen es sehr viele Menschen ein. Ich ja auch."

„Und das ist ganz einfach falsch. Das siehst Du doch an mir."

„Aber Du könntest doch ein Trugbild, so eine Art Phantom sein."

„Dann müsstest Du aber Deine Fantasie gewaltig anstrengen. Und das würde Dir als einem nüchternen Kaufmann mit Sicherheit nicht gelingen."

„Nun, und wenn es so wäre?"

„Dann lägst Du schief. Denn ich bin ja wirklich und wahrhaftig vorhanden."

„Kannst Du mir als starkem Zweifler nicht irgendwie helfen?"

„Das will ich gern tun. Du sollst im Laufe unseres weiteren Gesprächs anhand der Tatsachen erkennen, dass es mich tat-

sächlich noch immer gibt – und auch immer geben wird."

„Wie willst Du mir das denn beweisen?"

„Ganz einfach, nämlich durch den Grund, warum ich Dich jetzt besuche und mit Dir spreche."

„Was sollte das denn sein?"

„Deine Sicherheit und die große Gefahr, in der Du Dich bereits morgen befinden wirst."

„In welcher Gefahr soll ich denn morgen sein? Da bin ich aber gespannt."

„Das kannst Du auch. Höre also gut zu, was ich Dir jetzt sage. Der Aufzug in Eurem Hochhaus ist defekt und damit lebensgefährlich."

„Waas? Den Fahrstuhl habe ich doch heute noch benutzt."

„Und da kannst Du von Glück sagen, dass bis jetzt nichts Schlimmes passiert ist."

„Ja, der wird doch immer kontrolliert und macht eigentlich einen ganz soliden und sicheren Eindruck."

„Eigentlich. Doch jetzt ist er es nicht mehr."

„Das soll wirklich so sein? Ich kann es Dir kaum glauben."

„Aber Du musst es so annehmen. Oder willst Du morgen in den Tod stürzen?"

„Natürlich nicht. Aber was soll ich denn nur machen?"

„Du musst morgen noch vor dem Arbeitsbeginn zum Betriebsmeister aller Aufzüge dieses Hochhauses gehen und ihn auffordern, gerade den Fahrstuhl auf Deiner Büroseite zu versperren und mit einem Schriftband zu versehen."

„O Gott, o Gott, dann müssen ja Hunderte von Menschen zu Fuß nach oben gehen."

„Sie können doch mit einem Umweg zu einem anderen Aufzug gehen."
„Das wird aber einen Aufstand geben."
„Na und? Besser so, als wenn jemand in den Tod stürzt."
„Aber der Betriebsmeister wird mir kaum glauben."
„Dann musst Du ihn davon überzeugen und ihn fragen, ob er denn die Verantwortung für den Tod vieler Menschen auf sich nimmt."
„Du hast leicht zu reden. Aber damit steht mir so eine mittlere Revolution bevor."
„Martin, daran führt nun mal kein Weg vorbei. Und den musst Du gehen. Eines Tages wird man Dir dafür den glühendsten Dank und die größte Anerkennung aussprechen."
„Papa, woher weißt Du das denn alles, sofern es wirklich stimmen sollte?"
„Es wird stimmen. Und woher ich es weiß? Nun, wir in der anderen oder auch jenseitigen Welt können ohne Körper nicht nur in die Vergangenheit, sondern auch in die Zukunft sehen. Und daher weiß ich es, und deshalb sage ich es Dir. Und jetzt hast Du eine riesengroße Verantwortung. Aber ich bin sicher, dass Du es schaffst. Und dazu alles Gute."

Mit diesen Worten und seinem Segenswunsch war mein Vater auch schlagartig nicht mehr zu sehen. Er hatte mir eine sehr schwere Aufgabe gestellt.
Ich war durch das Gespräch und erst recht durch die bevorstehende riesige Lebensgefahr innerlich total aufgewühlt. Und erst recht durch meine Verantwortung zur Rettung vieler Kol-

leginnen und Kollegen in diesem Hochhaus.
Es versteht sich von selbst, dass ich während dieser Nacht kein Auge zutun konnte. Das war auch der Grund dafür, dass ich schon im Morgengrauen sofort zum Hochhaus fuhr und dort nachfragte, wo ich den Betriebsmeister – als Leiter der Haustechnik – finden könne. Nach einigem Hin und Her fand ich ihn auch und sprach ihn an:
„Sie sind doch der Betriebsmeister in der Zuständigkeit für die Aufzüge."
„Ja, der bin ich. Übrigens heiße ich Frank H."
„Mein Name ist Martin L."
„Und das wollten Sie mir heute in aller Frühe sagen?", knurrte er ziemlich unfreundlich vor sich hin.
„Nein, Herr H. Ich habe vielmehr einen ganz triftigen Grund, weshalb ich Sie aufgesucht habe."
„Und der wäre?", knurrte er immer noch.
„Der vordere Aufzug ist defekt. Seine Benutzung ist höchst gefährlich, um nicht zu sagen lebensbedrohlich."
„Herr L., haben Sie sich so früh schon einen tiefen Schluck genehmigt?"
„Keineswegs. Es ist nämlich höchste Gefahr im Verzug. Sie müssen den Aufzug an allen Einstiegstüren sperren und auch einen Hinweis an den Türen anbringen."
„Nun mal langsam. Woher wissen Sie denn, dass der Fahrstuhl defekt sein soll? Er ist doch vor einiger Zeit noch kontrolliert worden."
„Das mag ja alles sein. Aber er ist tatsächlich defekt und muss sofort vorübergehend stillgelegt werden."

„Herr L., können Sie denn beweisen, dass er wirklich nicht mehr funktionstüchtig ist?“
„Also schriftlich kann ich es Ihnen nicht geben. Aber wollen Sie denn die Verantwortung tragen, wenn viele Menschen in den Tod stürzen?“
„Natürlich nicht. – Gut, Herr L., ich werde jetzt den Aufzug zur Kontrolle ohne Personen bis ganz nach oben fahren lassen und dabei alle Türen sperren und mit Hinweisen versehen lassen.“

Und das tat er dann auch – mit einem verheerenden Resultat:
Der Aufzug fuhr also völlig leer bis ganz nach oben. Und kaum war er im höchsten Stockwerk angekommen, da blieb er keineswegs stehen, sondern verlor dort den Halt und raste mit immer größerem Tempo nach unten, wo er auf der Sohle des Schachtes zerschellte.
Der Betriebsmeister traute seinen Augen nicht, informierte unverzüglich die Hausdirektion und eine Sicherheitsfirma, die alles genau untersuchte und protokollierte. Dabei kam es zu folgendem Ergebnis:

1) Die Aufhängung der Trag- und Halteseile war defekt: ein offensichtlicher Konstruktionsfehler

2) Die Seile waren nicht mehr tragfähig.

3) Die Tragrollen für die Seile waren ebenso nicht mehr funktionstüchtig.

Zunächst waren alle Beteiligten wie gelähmt. Wie konnte denn so etwas nur passieren? Und vor allem: Was wäre geschehen, wenn die Leitung der Haustechnik, also der Betriebsmeister, nicht gewarnt worden wäre und vorsorglich gehandelt hätte? Das wäre kaum auszudenken gewesen. Da wären ja Hunderte von Bediensteten umgekommen. Denn der vordere Aufzug wurde ja wegen des kürzeren Weges am meisten benutzt.

Bei dem Gedanken fröstelte es nicht nur den Betriebsmeister, sondern auch die Direktion und vor allem den Hausbetriebsrat. Alle erkundigten sich fieberhaft nach dem heldenhaften Retter, dem Warnungsinformanten, und kamen auf den Versicherungskaufmann Martin L.
Der wiegelte zwar ab, konnte aber dennoch nicht auf Ehrungen verzichten: Die Hausdirektion lud ihn zu einem opulenten Abendessen ein. Denn den gesamten entstandenen Schaden übernahm ja ohnehin eine Versicherung.
Der Betriebsrat ehrte ihn mit einer Ehrennadel und vor allem durch eine besondere Feier. Und sein eigener Arbeitgeber, die Versicherungsgesellschaft, gewährte ihm eine Woche Sonderurlaub, – ihm, dem Helden aus dem Hause dieses Unternehmens. Mit ihm und dem Fotobericht über ihn und seine Rettungstat ließ sich ja vorzüglich Werbung machen.

Dieses gerade noch verhinderte schreckliche Ereignis und die Nachricht über den Retter verbreitete sich mit Windeseile auch sonst in der Stadt. Schließlich bekam auch die städtische Zeitung Wind von dem eigenartigen Vorkommnis, sodass sich ein

Reporter bei Martin L. meldete und ein Interview mit ihm samt einem Foto veröffentlichte.

Martin L. blieb bei diesem Gespräch mit dem Reporter bescheiden, vor allem, als der ihn danach fragte, wieso er denn zu dieser Rettungsaktion gekommen sei. Da antwortete er:
„Ich habe einen wichtigen Hinweis auf die gefährliche Situation bekommen."
„Von wem war denn dieser entscheidende Tipp?"
„Mein Vater hat mich am Vorabend auf diese Gefahr aufmerksam gemacht."
„Ihr Vater? Ist er denn Experte auf dem Gebiet der Aufzugstechnik?"
„Mein Vater war zwar Ingenieur für Metalltechnik. Das ist er aber heute nicht mehr."
„Also ist Ihr Vater nun Rentner?"
„Nein, nicht mehr. Ich weiß nicht so richtig, wie ich es Ihnen erklären soll."
„Nun mal nicht so ängstlich, nur zu."
„Sie werden das kaum verstehen. Aber mein Vater ist schon seit einigen Jahren tot."

Das Gesicht des Reporters auf diese Antwort wäre auch einer Wiedergabe in seiner eigenen Zeitung wert gewesen.
Doch dann fing er sich wieder. Und am nächsten Tag stand ein ganz großer Artikel in der Zeitung. Sein Titel:

Rettende Warnung aus dem Jenseits

ERNSTES WORT DER MUTTER – VON DRÜBEN

Sie waren beide wie Hund und Katze, die einander nicht leiden konnten. Beide wohnten in zwei benachbarten Häusern, die von ihren Eltern stammten. Alle zwei waren Brüder: Karl W. wohnte im ursprünglichen Elternhaus, in dem bis zu ihrem Tod auch die Mutter lebte.

Im Nachbarhaus wohnte Bruder Ernst. Statt sich zu vertragen, stichelten sie gegeneinander und beschimpften sich – meist wegen Kleinigkeiten: Da war etwa Karls Hund über das Nachbargelände seines Bruders Ernst gelaufen, und schon schimpfte Ernst über den Gartenzaun in Richtung Karl:

„Kannst Du nicht besser auf Deinen Köter aufpassen? Er hat in meinem Garten einen Haufen hingesetzt."

„Vielleicht wollte er Deinen Garten düngen."

„Das ist eine Unverschämtheit. Sollte er wieder hier auftauchen, dann werde ich ihn erschlagen."

„Wage das nur ja nicht. Dann kriege ich Dich dran wegen der Tötung eines fremden Tieres. Der gehört Dir ja nicht."

„Und Dir gehört mein Garten nicht."

Einige Zeit später ging es umgekehrt um einen Apfelbaum, der fast auf der Grenze zwischen beiden Grundstücken, aber eindeutig auf Ernsts Gelände stand und einige überstehende Äste hatte, die in Karls Garten hinüberragten.

Das veranlasste irgendwann Karl, seinen Bruder Ernst anzuschreien:

„Drei Äste von Deinem Apfelbaum ragen in meinen Garten

hinein. Sieh zu, dass die bald abgesägt werden."
„Sei doch froh, dann kannst Du ja die herabfallenden Äpfel einsammeln."
„Diese Sorte Äpfel mag ich nicht. Ich bleibe dabei: Die Äste müssen verschwinden."
„Dann müsste ich ja Dein Gelände betreten."
„Wenn es denn sein muss, meinetwegen."
„Das werde ich aber nicht tun, denn Du widerst mich mitsamt Deinem Garten an."
„Dann säge *ich* die Äste ab, und zwar bis in den Stamm hinein."

Und das tat er dann auch – mitten im Sommer – und ritzte damit auch seitlich die Baumrinde auf, sodass der Baum allmählich austrocknete. Zwar umwickelte Ernst W. die aufgeschlitzte Rinde mit einem imprägnierten Tuch. Doch half das nicht viel.
Außerdem grub Karl W. unmittelbar am Gartenzaun den Boden auf und legte die Wurzeln des Apfelbaums frei, die er dann an der Grundstücksgrenze mit einer Axt durchschlug und abtrennte. Da das zum Teil die Hauptwurzeln des Baumes waren, färbten sich die Blätter des Baums noch im Sommer gelb und fielen noch lange vor Herbst allmählich vom Baum.
Ernst W. dämmerte es langsam, dass sein Bruder den Apfelbaum schwer geschädigt und schließlich zerstört hatte. Eine riesige Stinkwut erfasste ihn. Daher suchte er Rat bei einem Rechtsanwalt. Der sah zwar nach den üblichen Regeln des Nachbarschaftsrechtes einige Anhaltspunkte, um vor Gericht zu ziehen. Aber nach seinen bisherigen Erfahrungen hatte er

den Eindruck, dass ein Gericht eher dazu neigte, die Angelegenheit einem Schiedsmann anzuvertrauen.
Das setzte aber voraus, dass die beiden Streithähne eine außergerichtliche Einigung annehmen würden. Und das war hier wohl wenig erfolgversprechend.

Also griff Ernst W. zur Selbstjustiz und versprühte nachts über der üppigen Tomatenplantage im Nachbargarten heimlich ein allmählich wirkendes Pflanzengift. Schon nach einigen Tagen ließen die Blätter der Tomatenstauden ihre Köpfe hängen. Und nach einer Woche schienen sich die reifen wie auch unreifen Tomaten zusammenzuziehen, d. h., sie schrumpften langsam zusammen und waren nicht mehr genießbar. Und gerade die Tomatenpflanzen waren Karls größter Stolz. Und nun so etwas. Das konnte doch nur sein niederträchtiger Bruder gewesen sein.
Also sann er auf Rache und kam schließlich auf die seltsame Idee, vielleicht einen Brandsatz in die Büsche des Nachbargrundstücks zu werfen, die damit abgefackelt werden könnten. Aber dann wog er auch das Risiko ab, dass dadurch womöglich der entstehende Brand auch auf seinen Garten und sein Hausgrundstück übergreifen könnte.

Deshalb kam er auf eine andere perfide Idee:
Er besorgte sich ein schnell wirkendes Tiergift, das er nachts heimlich auf das Nachbargrundstück schmuggeln wollte, um dort die im Sommer frei grasenden Kaninchen zur Strecke zu bringen.

Doch es kam anders:
Und das geschah durch die Mutter beider feindlichen Brüder. Zu Lebzeiten hatte sie mit großem Kummer die Zerwürfnisse ihrer beiden Söhne bemerkt und immer wieder beschwichtigend und ermahnend auf sie einzuwirken versucht. Zuweilen hatte sie dabei Erfolg. Oft sprach sie aber auch wie gegen eine Wand, und keiner hörte auf sie.
Als ihr Mann noch gelebt hatte, waren beide Söhne einigermaßen friedlich gewesen. Sprach er ein Machtwort, so kuschten seine Söhne. Doch nach seinem Tod ging der Streit richtig los. Und die Zerwürfnisse steigerten sich irgendwann in offene Feindschaft.
Daraus entwickelte sich bei der Mutter ein tiefer Schmerz, der sie auch frühzeitig altern ließ und sie schließlich ganz krank machte, sodass sie nicht alt wurde. Und nach ihrem Tod kannte ihre Gegnerschaft so gut wie keine Grenze: Jeder ihrer Söhne tat alles, um dem Bruder jeweils eins auszuwischen.

Das gipfelte schließlich darin, dass Karl vorhatte, Gift auf das nachbarschaftliche Gelände zu bringen, um die dortigen Kaninchen zu töten. Also war er eines Abends in seinem Gartenhaus dabei, einige vergiftete Köder vorzubereiten, um sie heimlich auf das Gartengelände seines verhassten Bruders zu schmuggeln. Das musste mit Sicherheit gelingen. Und dann wollte er mit innerer Begeisterung beobachten, wie ein Kaninchen nach dem andern verenden würde.
Und mit welchen höhnischen Fragen er dann wie ein Heuchler sein Bedauern über die verendeten Tiere vorbringen wollte,

darüber hatte er sich auch schon Gedanken gemacht.

Wie er noch bei seinen kriminellen Vorbereitungen war und sich innerlich schon mit bestialischer Freude auf das Schurkenstück vorbereitete, wurde es im Halbdunkel des Dämmerlichts im Gartenhaus auf einmal hell und dann ganz besonders hell.
War da nicht schemenhaft und ein wenig schummrig ein Gesicht zu sehen? Zunächst war es nur undeutlich zu erkennen. Aber dann wurde es immer deutlicher, bis Karl W. erkennen konnte, wessen Gesicht das denn wohl sein könnte.
Ja, das war das Gesicht seiner Mutter. Wie war das denn nur möglich? Seine Mutter war doch schon einige Zeit tot. Wie konnte er sie denn nur sehen? Wie war das möglich?

Zunächst schaute er ganz woanders hin, weil er annahm, er sehe ein Trugbild, eine Art Phantom. Doch egal wohin er auch sah, er blickte immer auf das Gesicht seiner Mutter. Und das war keineswegs das Gesicht einer Toten, sondern seine Mutter schaute ihn leibhaftig an – so wie sie ihn zu Lebzeiten immer angesehen hatte. Und weil er ziemlich unschlüssig war, was er denn nun denken oder tun solle, sprach sie ihn auch schon an.

Doch darüber berichtete Karl W. wesentlich später – ziemlich beschämt – Folgendes:

Ich sah auf einmal das Gesicht meiner Mutter und dachte, das könne doch nicht möglich sein. Denn sie war doch schon seit einiger Zeit tot. Und während ich noch etwas ratlos und un-

schlüssig war, was ich denn nun tun sollte, redete sie mich – wie es zu Lebzeiten schon ihre Art gewesen war – kurzerhand an:
„Karl, was machst Du denn da? Das ist doch Gift, womit Du hantierst. Wozu willst Du das denn benutzen?“
„Mama, bist Du das überhaupt? Oder ist das ein Gespenst?“
„Ich bin kein Gespenst, sondern wirklich Deine Mutter und möchte eine klare Antwort haben.“
„Aber, Mama, Du bist doch schon eine Weile tot. Und jetzt tauchst Du hier auf einmal auf.“
„Ja, wie Du siehst. Ich bin nur körperlich gestorben, aber nicht geistig. Deshalb lebe ich in einer anderen Welt weiter. Aber, Karl, rede nicht drum herum, sondern gib mir eine klare Antwort. Also?“
„Hm, Mama, das ist schwer zu erklären. Ich wollte etwas vorbereiten.“
„Und was?“
„Das kann ich Dir kaum erklären, Mama.“
„Karl, das brauchst Du mir auch nicht zu erklären. Denn ich weiß es schon. Du wolltest Giftstreifen vorbereiten und sie im Garten Deines Bruders Ernst auslegen.“
„Woher weißt Du das denn?“
„Im Jenseits können wir ungehindert in die Zukunft schauen. Deshalb weiß ich auch, was Du für ein schändliches und bösartiges Stück vorhast. Du wolltest die Kaninchen Deines Bruders vergiften und umbringen. Das ist ganz ekelhaft und kriminell.“
„Das ist nichts weiter als eine Retourkutsche auf das, was er

mir angetan hat.“

„Du meinst die Sache mit den Tomaten?“

„Ja, und das war ein regelrechtes Schurkenstück. Die ganze Tomatenplantage hat er mit Pflanzengift zunichte gemacht.“

„Nachdem Du vorher seinen Apfelbaum zum Verdorren gebracht hast.“

„Oh, Mama, das weißt Du auch?“

„Ja, ich weiß es.“

„Mama, allmählich packt mich ja Angst vor Dir.“

„Wieso?“

„Weil Du ja alles weißt. Das ist doch schrecklich.“

„Nein, das ist nicht schrecklich. Das ist vielmehr gut so. Denn so kann ich eingreifen und Dich zur Vernunft bringen.“

„Zur Vernunft?“

„Ja, es ist höchste Zeit dafür.“

„Aber, was soll ich denn nur tun?“

„Du sollst mit Deinen schändlichen Absichten aufhören und keinerlei Übeltaten mehr aushecken und tun.“

„Dann muss aber auch Ernst da drüben mit seinen Schandtaten aufhören.“

„Das wird er auch tun. Denn mit ihm werde ich auch ein ernstes Wort reden – heute Abend noch.“

„Und wie soll es dann weitergehen?“

„Ihr lasst alle Sticheleien und Gehässigkeiten bleiben.“

„Aber wenn er trotzdem weitermacht?“

„Er macht nicht weiter. Dafür sorge ich.“

„Und was dann?“

„Du gehst in den nächsten Tagen einfach zu ihm hin und sagst,

alles, was Du ihm bisher angetan hast, täte Dir leid. Und es würde auch in Zukunft nicht mehr vorkommen. Dann reichst Du ihm ganz einfach die Hand."
„Und wenn er mir darauf den Vogel oder Stinkefinger zeigt?"
„Das wird er nicht tun. Also, jetzt machst Du es, wie ich es Dir gesagt habe. – Im Übrigen: Das Gift schaffst Du ordnungsgemäß beiseite. Und dann keinerlei Nichtsnutzigkeiten mehr!"

Darauf murmelte ich nur noch:
„Ja, Mama."
Und damit verlor sich auch der Lichtschein mit dem Gesicht meiner Mutter.

Ungefähr zur gleichen Zeit saß Ernst, Karls Bruder, in seinem Werkkeller und überlegte, wie er seinem Bruder auch weiterhin eins auswischen könne. Dabei kam er auf die Idee, er könne ja Karls Hund irgendwie zur Strecke bringen – durch Gift. Das ließe sich wohl bequem durch einen präparierten Köder machen, den er dem Hund irgendwie schon zuspielen könne. Der würde dann also nicht mehr in seinem Garten seine Hinterlassenschaften ablagern.
Er malte sich in Gedanken schon aus, wie der Hund verenden würde und er dann Karl durch höhnische Bemerkungen ärgern könne.
Da trat in seine üblen Gedanken plötzlich eine nicht geahnte Überraschung ein, über die er dann später – schweren Herzens – berichtete:

Ich stand in meinem Werkkeller und räumte kürzlich gekaufte Werkzeuge ein. Dabei ließ mich der Gedanke nicht los, wie ich Karl, meinem feindlichen Bruder von nebenan, wohl einen ordentlichen Denkzettel verpassen könnte. Dabei musste ich daran denken, wie mir sein Köter von Zeit zu Zeit einen Kothaufen in meinen Garten setzen konnte. Eigentlich war ja mein Grundstück rundum eingezäunt. Aber irgendwie musste er doch in meinen Garten gelangen. Und dem wollte ich einen tüchtigen Riegel vorschieben. Aber wie? Während ich noch darüber nachgrübelte, kam mir auf einmal die Idee, dem Hund könne ja was Schlimmes passieren. Und da hatte ich es auch: Ein gut zurechtgemachter Köder mit üblem Inhalt würde schon dafür sorgen, dass es mit dem Köter bald aus sein würde. Mit ziemlich diabolischer Freude dachte ich mir den Gedanken aus:

Ein Köder für den Köter!

Doch aus meinem Vorhaben wurde nichts. Dafür sorgte ein plötzlich aufleuchtendes eigenartiges Licht. Und in diesem Licht sah ich – allmählich immer deutlicher werdend – das Gesicht meiner vor Jahren schon verstorbenen Mutter. Das konnte doch nicht wahr sein: Meine Mutter? Sie war doch tot. Und jetzt erblickte ich ihr Gesicht leibhaftig vor mir.

Indem ich noch überlegte, ob denn so etwas überhaupt möglich sein könnte, sprach sie mich auch schon ganz deutlich an:

„Da staunst Du mit Sicherheit, Ernst, Deine Mutter auf einmal zu sehen.“

„Mama, bist Du das denn?“

„Ja, ich bin es wirklich, Deine Mutter."
„Ich dachte, Du bist doch tot."
„Nur mit dem, was irdisch ist, dem Körper. Geist und Seele leben aber weiter."
„Das ist ja unglaublich."
„Und doch ist es so."
„Und warum kommst Du jetzt her zu mir?"
„Weil Du Dich mit Deinem Bruder nicht verträgst und ihm Übles zufügst und auch weiterhin tun willst."
„Er ist aber kein bisschen besser."
„Ich weiß es und habe auch mit ihm schon ein ernstes Wort gewechselt. Er wird sich bessern. Und dasselbe erwarte ich auch von Dir."
„Dann warte ich mal ab, wie er sich weiterhin verhält."
„Er wird auf Dich zukommen und fortan friedlich sein. Und genau dasselbe sollst Du auch tun."
„Meinetwegen, wenn er sich bessert."
„Und das tust Du auch!"

Gerade wollte ich meiner Mutter das gleiche Versprechen geben, da nahm auch schon der Lichtschein ab, und das Gesicht meiner Mutter konnte ich nicht mehr sehen.

Am nächsten Tag traute ich meinen Augen nicht: Da kam mein Bruder mit zwei Pullen Bier um die Ecke und trat auf mich zu. Er gab mir seine rechte Hand und dann eine der beiden Flaschen und öffnete beide. Ich konnte nicht anders und gab ihm auch meine Hand. Danach nahmen wir einen tiefen Schluck aus den Pullen und konnten es nicht fassen, dass nun „unser Kriegsbeil begraben werden sollte“, wie wir es aus Indianer-büchern her kannten.

Und das blieb auch für alle Zeiten so. Dabei konnten wir es kaum so richtig verstehen, dass wir in der Vergangenheit so unmöglich miteinander umgegangen waren.

BRUDER NORBERTS ENGAGEMENT – VOM JENSEITS HER

Das war sein Kind, sein Lieblingsgeschöpf. Er hatte es geschaffen. Natürlich war es nicht sein leibliches Kind. Wie sollte es auch so sein? Denn er war ja Ordensmann bei den Franziskanern und lebte natürlich ehelos.
Und zu diesem Geschöpf war er auch nicht mit Wunsch und Absicht gekommen, sondern eher durch eine Verkettung von eigenartigen Umständen:

In seinem Franziskanerkloster baten täglich immer mehr Obdachlose um Hilfe, sie bettelten um eine Mahlzeit oder einen Geldbetrag. Und dem Ordensverständnis entsprechend wurde nie ein nach Hilfe Suchender abgewiesen. Die Zahl der Bedürftigen nahm allmählich immer mehr zu.
Eines Tages nahm sich dann der Obere des Klosters der Sache an und versuchte, diesen Zustrom der Hilfesuchenden in geordnete Bahnen zu lenken. Und deshalb bestellte er Bruder Norbert zu sich, den er für geeignet hielt, bei diesem Andrang von Bedürftigen die Übersicht zu behalten und für einen geordneten Ablauf zu sorgen.
Aus dem Gespräch zwischen dem Leiter des Klosters und Bruder Norbert sollte sich im Anschluss daran eine segensreiche Einrichtung entwickeln:
„Bruder Norbert, ich habe Dich rufen lassen, weil ich Deine Hilfe und Deine ordnende Hand brauche."
„Aber worum geht es denn?"

„Du siehst doch den täglichen Strom der Hilfsbedürftigen an der Klosterpforte. Sie wollen alle etwas zu essen haben oder Geld. Wir wollen ihnen ja helfen. Aber allmählich wächst das über unsere Möglichkeiten."
„Und was könnte ich denn dabei tun?"
„Du sollst für einen geordneten Ablauf sorgen, damit einerseits jedem geholfen werden kann, andererseits aber auch kein Missbrauch entsteht."
„Oh, das ist aber für mich eine sehr schwere Aufgabe. Das werde ich doch kaum schaffen."
„Doch, Du wirst es schaffen. Ich habe Dich schon lange im Blick. Du hast das nötige Gespür für die Nöte kleiner Leute und bist für diese Arbeit der richtige Mann."
„Ja, wenn es von mir verlangt wird."
„Aber, lieber Bruder Norbert, niemand verlangt etwas. Ich bitte Dich darum."

Natürlich wollte Bruder Norbert niemand enttäuschen, und deshalb sagte er zu. Folglich befasste er sich täglich mit den Hilfsbedürftigen und merkte bald, dass die Regelung an der Klosterpforte unmöglich eine Dauerlösung bringen konnte.
Deshalb bat er den Oberen des Klosters um die Zuweisung eines größeren Raums, in dem er die Armen beim Mittagstisch unterbringen und versorgen konnte. Und deren Zahl stieg naturgemäß immer mehr an, denn bald hatte sich vor allem unter den Obdachlosen herumgesprochen, dass das Kloster keinen Hilfsbedürftigen abweise.

Doch bald lief dieser Andrang irgendwie aus dem Ruder, sodass der Obere des Klosters merkte, dass diese Hilfsaktionen langsam nicht mehr finanziert werden konnten. Das übertraf die Möglichkeiten der Franziskaner. Deshalb kam es wieder zum Gespräch des Klosteroberen mit Bruder Norbert:
„Lieber Bruder Norbert, ich merke allmählich, dass Du Deine Sache mit den Bedürftigen sehr gut machst. Ja, ich möchte sagen, Du machst es zu gut. Denn langsam können wir das alles nicht mehr bezahlen."
„Das wäre aber jammerschade, gerade jetzt, wo alles so schön läuft."
„Ja, Bruder Norbert, es läuft sehr gut, mehr noch, es läuft inzwischen zu gut."
„Wollen wir denn die Bedürftigen abweisen?"
„Natürlich nicht. Aber ich weiß inzwischen nicht mehr, woher ich noch das Geld nehmen soll."
„Ja, da müssen wir uns was einfallen lassen."
„Du bist gut. Einfallen lassen. Was denn?"
„Ich hätte da vielleicht eine Idee."
„Und die wäre?"
„Ich veranlasse eine Spendenaktion."
„Wie willst Du das denn hinbekommen?"
„Ich suche – wenn's erlaubt ist – die städtische Zeitung auf und rufe zu Spenden für unsere Einrichtung auf."
„Bruder Norbert, das können wir doch nicht machen. Wir sind doch keine Bettler."
„Das hat – mit Verlaub – unser Ordensgründer, der heilige Franziskus, aber anders gesehen. Er hat unseren Orden übri-

gens als eine Art Bettelorden gegründet."
„Ja, ja, Bruder Norbert, das weiß ich auch. Aber wie sieht dann unser Ansehen in der Öffentlichkeit aus?"
„Das kann uns doch egal sein. Die Hauptsache ist, dass wir den Bedürftigen und Hilfesuchenden helfen können."

Der Obere verzog sein Gesicht irgendwie ganz eigenartig. Er war sich selbst nicht ganz im Klaren:
Sollte er den Spendenaufruf verbieten, dann musste das Kloster irgendwann die Armen und Obdachlosen abweisen. Oder sollte ihm das Ansehen der Franziskaner nicht so am Herzen liegen, dann konnte er um Spenden bitten.
Also überwand er sich in diesem Dilemma, wobei ihm Bruder Norbert mit einer klugen Idee entgegenkam:
„Ich hätte da eine Idee, wie wir einen sehr guten Ausweg finden können."
„Und das wäre?"
„Wir gründen einen Hilfsverein, der die Spenden einsammelt, wobei unser Kloster nur so eine Art Pate ist."
„Bruder Norbert, Du bist ja ein cleverer Bursche. Wenn Du das hinbekommst, dann habe ich nichts dagegen."
„Vielen Dank – im Namen der Bedürftigen."
„Und? Wie soll denn dieser Verein heißen?"
„Ja, hm, wie wäre es mit **„Heim und Hilfe"**?
„Du meinst **„Heim und Hilfe e. V."**?
„Gut. Das Wichtigste ist, dass den Bedürftigen geholfen wird."

Und so entstand diese rechtliche Instanz, mit der man legal um

Spenden bitten konnte, ohne dass die Franziskaner in ein schiefes Licht geraten konnten.

Bruder Norbert wurde nun ganz rührig, gründete mit der nötigen Anzahl von Mitgliedern diesen Verein. Eines der Mitglieder war natürlich auch der Obere des Klosters, sodass Bruder Norbert zielstrebig sein Werk vorantreiben konnte.
Kaum war der Hilfs- und Spendenverein gegründet und amtlich registriert, da wurde Bruder Norbert auch schon bei der überregionalen Zeitung vorstellig und ließ sich vom betreffenden Redakteur in seiner Hartnäckigkeit auch nicht abweisen. Das tat er, indem er an das Sozialgefühl – also das soziale Herz – des Journalisten appellierte:
„Ich nehme doch an, dass Sie ein Herz für Arme und Bedürftige haben.“
„Natürlich habe ich das. Haben Sie denn Zweifel daran?“
„Nein, sicher nicht. Doch ich brauche Ihre Hilfe. Ihre Zeitung reicht doch weit ins Land hinein und erreicht viele Leser.“
„Das will ich meinen. Worum geht es denn?“
„Wir werden geradezu von vielen Hilfsbedürftigen überrannt, die alle eine Mahlzeit brauchen und manchmal auch einen Geldbetrag.“
„Und da soll ich Ihnen helfen?“
„Ja, das wäre sehr schön. Ich bin Ihnen beim Text schon in jeder Hinsicht behilflich.“
„Das werde ich auch noch allein schaffen.“
„Okay, natürlich. Aber bitte verfassen Sie einen Artikel.“
„Gut, meinetwegen. Wie groß soll er denn sein?“

„Wenn es geht, möglichst groß. Das kommt ja allgemein gut an.“

Der Redakteur schaute Bruder Norbert mit halb kritischen, halb staunenden Augen an, wie wenn man einen ziemlich cleveren Menschen mustert. Doch dann hatte ihn seine Journalistenehre gepackt, und er holte zu einem großen Interview aus, das er noch mit einem umfangreichen Bericht ergänzte.
Und dann drängte Bruder Norbert eingehend darauf, dass am Schluss noch ganz fett eine Kontonummer eingegeben wurde, um die Hilfsgelder für den guten Zweck auch zu erhalten.
Und diese Spenden sprudelten dann auch tatsächlich, sodass der Obere des Klosters mehr als überrascht war.
Bruder Norbert entging dieser Spendenfluss nicht und er bat auch gleich den Leiter seines Klosters, ihm noch zwei weitere größere Räume zur Verfügung zu stellen. Das ging dem Oberen denn doch allmählich zu weit, sodass es wieder zu einem unvermeidlichen Gespräch zwischen ihnen kam:
„Bruder Norbert, Du bist ja ein ganz gewitzter – fast hätte ich gesagt – Bursche, also ganz klug. Du wünschst also weitere zwei Räume.“
„Ja, das wäre sehr schön. Es ist bei dem Andrang übrigens unvermeidlich.“
„Hm, was soll ich dazu sagen?“
„Ich brauche nur ein Ja und natürlich die zwei großen Räume. Wir haben doch genug davon, seitdem unser Ordensnachwuchs immer mehr nachlässt.“
„Ja, Bruder Norbert, da sagst Du was. Ich weiß auch nicht, wie

das noch werden soll. Immer weniger – vor allem junge Leute – treten bei uns ein."
„Ja, das habe ich auch längst schon bemerkt. Aber trotzdem bitte ich ganz besonders darum, die Armen und Obdachlosen nicht im Stich zu lassen."
„Nun, momentan machst Du das ja noch."
„Aber das schaffe ich auch nur, weil ich genug ehrenamtliche Helfer habe. Was soll nur aus diesem Hilfsprojekt „Heim und Hilfe" werden, wenn ich das eines Tages nicht mehr schaffen sollte?"
„Bruder Norbert, Du bist ja erst 54 Jahre alt, also für unsere Verhältnisse geradezu noch ein junger Dachs. Das machst Du noch etliche Jahre."

Doch darin sollte sich der Obere des Klosters ganz gewaltig irren. Denn allmählich stellten sich bei Bruder Norbert körperliche Beschwerden ein. Vor lauter Arbeit mit seinem caritativen Verein hatte er keine Zeit, um einen Arzt aufzusuchen und sich einmal gesundheitlich durchkontrollieren zu lassen. Die Beschwerden nahmen immer mehr zu, bis es gar nicht mehr ging.
Und dann schlug es wie eine Bombe im Kloster ein: Bruder Norbert hatte Krebs. Bei früherer Untersuchung hätte man medizinisch vielleicht noch heilend eingreifen können. Nun aber sah es äußerst düster aus.
Natürlich wurde alles getan, um durch eine Operation die Krebs-Hauptwucherung zu entfernen. Eine anschließende spezielle Computer-Untersuchung zeigte aber viele Metastasen,

also Streuungen dieser Krankheit in vielen Teilen des Körpers. Bruder Norbert wurde zugleich auferlegt, er müsse sich unbedingt schonen. Für diese strenge Empfehlung hatte Bruder Norbert aber gar kein Ohr. Denn sein Hilfswerk hatte Vorrang. Und sein Chef, der Leiter des Klosters, befand sich in einem ausgesprochenen Zwiespalt:
Einerseits wusste er um seine Fürsorgepflicht. Andererseits war ihm aber auch klar, dass das Werk „Heim und Hilfe“ ohne Bruder Norbert kaum existieren konnte. Also ließ er seinen Mitbruder gewähren. Den Gedanken:
Was geschieht denn eines Tages ohne diesen, wenn ihm etwas zustößt?, dachte er nicht zu Ende. Für Norbert würde er kaum Ersatz haben, und wenn, dann wahrscheinlich irgendeinen völlig ungeeigneten. Aber zunächst war Bruder Norbert ja noch da, der sich für die Bedürftigen rückhaltlos abrackerte.
Doch nach einem Jahr konnte der Krebskranke nicht mehr: Er wurde bettlägerig und versuchte, vom Bett aus das Hilfswerk weiter zu steuern. Er hatte den Oberen um einen anderen Franziskaner als Aushilfe gebeten. Aber der war bei allem guten Willen überfordert. Er wirkte ziemlich hilflos, und ihm fehlte der klare Weitblick, den Bruder Norbert natürlich gehabt hatte.

Der Schwerkranke fragte seinen Oberen immer wieder, ob auch ausreichend für die Obdachlosen und Bedürftigen gesorgt werde. Der Leiter des Klosters gab ihm irgendwie ausweichende Antworten, um ihn nicht zu beunruhigen. Bruder Norbert nickte anscheinend zufrieden, ahnte aber, dass sein Werk „Heim und Hilfe“ nicht mehr richtig arbeitete.

Am liebsten wäre er aufgestanden und hätte sich selbst überzeugt. Aber das ließ seine schwere Krankheit nicht mehr zu.
Irgendwann war dann sein überaus starker Überlebenswille nicht mehr in der Lage, der tödlichen Erkrankung zu widerstehen. Und ausgerechnet Anfang Oktober – am Gedenktag des Ordensgründers Franziskus – starb Bruder Norbert im Kreise seiner Ordensbrüder, also der Franziskaner seines Klosters.
Bei seiner Beisetzung war der gesamte Stadtteil mit dem Friedhof derart überfüllt, dass nur noch mit polizeilicher Hilfe die Sicherheit gewährleistet werden konnte. Bruder Norbert hatte sich eine ganz einfache Beerdigung gewünscht, auch ohne Presse. Das genaue Gegenteil geschah aber:
Es wurde eine riesengroße Beisetzung mit seitenlangen Berichten in regionalen und überregionalen Zeitungen.
Lediglich die darauf wieder einsetzenden Spenden für *sein* Hilfswerk hätten ihm aber gut gefallen.

Doch was nutzten denn Spenden ohne richtige Leitung und solide Arbeit? Auch der Leiter des Klosters bekam irgendwann ein schlechtes Gewissen, wenn er daran dachte, dass er Bruder Norbert auf dem Sterbebett versprochen hatte, für einen geordneten Fortbestand des Hilfswerks zu sorgen. Aber was sollte er nur machen? Er hatte bei dem enormen Mangel an geeignetem Nachwuchs den bestmöglichen Mann aus dem Kloster eingesetzt.

Aber da hatte der Obere des Klosters nicht damit gerechnet, dass Bruder Norbert – auch nach seinem Tod – dieses schwierige Anliegen selbst in die Hand nehmen und regeln würde. Und wie dies geschah, berichtete Bruder Norberts ehemaliger Chef später:

An einem Abend saß ich wieder ganz elend da, als ich daran dachte, was das Werk „Heim und Hilfe“ betraf und wie dort die Arbeit mit den Bedürftigen vor sich ging. Etwas zu gründen, war sicher einfach, das aber ordentlich weiterzuentwickeln war aber außerordentlich schwer. So manche Nacht konnte ich kaum schlafen, wenn ich an das allmählich aus dem Ruder laufende Hilfswerk meines Mitbruders Norbert dachte. Immer wieder las ich einen riesigen Zeitungsbericht über Bruder Norberts Wirken und musste noch öfter auf sein Foto schauen, das sich die Journalisten von uns erbeten und dann auch veröffentlicht hatten.
Was würde Norbert dazu sagen, wie jetzt seine Arbeit fortgesetzt werde? Was würde er wohl dazu sagen?
Aber statt mir selbst dazu eine Antwort zu geben, kam Bruder Norbert mir aus der Aufnahme geradezu entgegen. Das konnte doch nicht möglich sein. War das eine Halluzination, eine Selbsttäuschung, ein Trugbild? Oder was war das?
Während ich darüber noch nachgrübelte, war ich dann doch überrascht. Denn ich sah nicht nur Norbert aus dem Foto hervortreten, wie ich ihn immer gesehen hatte, sondern ich hörte auch seine Stimme, mit der gleichen Stimmfärbung, wie er auch stets gesprochen hatte:
„Ja, ich bin es wirklich, Bruder Norbert hier aus dem Kloster.“

„Wie ist das denn nur möglich? Vor ein paar Wochen haben wir Dich doch zu Grabe getragen."

„Meinen toten Körper habt Ihr beerdigt, aber nicht meinen Geist und meine Seele. Die leben auch nach dem körperlichen Tod weiter. Denn sie können ja nicht sterben."

„Ja, so haben wir es immer gelernt. Aber stimmt das denn wirklich so?"

„Und? Gibt es denn da noch irgendeinen Zweifel?"

„Nun, wir glauben ganz fest daran, dass mit dem Tod nicht alles aus ist."

„Und ich kann es nun bestätigen. Nach dem Tod gibt es ein tatsächliches Weiterleben."

„Wie gestaltet es sich denn, nach dem Tod weiterzuleben?"

„Wir leben in der Gnaden- und Glücksgemeinschaft mit dem höchsten Wesen."

„Ist das unser Herrgott?"

„Ja, er ist das höchste Wesen. Bei ihm leben wir in der überaus glückseligen Gemeinschaft mit allen rechtschaffenen und guten Menschen, die sich in ihrem irdischen Leben alle Mühe gegeben haben, Gott zu ehren und ihren Mitmenschen human und hilfsbereit zu begegnen."

„Ist das denn eine eigene Welt?"

„Im übertragenen Sinne ist das eine Welt für sich, also das Jenseits. Doch gibt es in diesem Jenseits weder Raum noch Zeit."

„Das bedeutet ja: Bei Euch im Leben mit dem höchsten Wesen, also mit Gott, gibt es nur gute Menschen. Wo befinden sich denn die anderen, die hier auf Erden üble Taten begangen ha-

ben?"

„Die leben nicht bei uns. Die leben fern von unserer Gemeinschaft in einer Existenz fern von Gott und fern von uns."

„Bruder Norbert, ich bin froh, dass Du jetzt mit mir sprichst. Aber bei Deinem Hilfswerk habe ich ein ganz schlechtes Gewissen. Denn es läuft nicht mehr so wie zu Deinen Lebzeiten, leider. Aber was soll ich sonst machen?"

„Genau deshalb komme ich und aus diesem Grunde bin ich auch hier. Denn das Werk „Heim und Hilfe" darf nicht zugrunde gehen."

„Aber ich fürchte, es nimmt kein gutes Ende – und das trotz der vielen Spenden, die nach Deinem Begräbnis eingegangen sind."

„Ich weiß es und sehe es von da drüben aus. Mein Mitbruder, der als mein Nachfolger eingesetzt wurde, ist ein guter Mensch. Aber ihm schlägt alles über dem Kopf zusammen."

„Ja, Bruder Norbert, das berührt mich ja auch schon lange sehr schmerzlich. Aber was soll ich machen?"

„Ich weiß eine Lösung."

„Oh, und die wäre?"

„In einer unserer Nachbarstädte gibt es doch die Ordensgemeinschaft der Franziskanerinnen mit ziemlich vielen Ordensschwestern. Das ist ja zu uns Franziskanern gleichsam wie zwischen Bruder und Schwester eine schwesterliche Gemeinschaft."

„Ja, das weiß ich. Aber wie soll denn von da aus Hilfe kommen?"

„Dort gibt es ganz liebevolle, aber auch sehr resolute Schwes-

tern. Und zwei oder drei dieser Ordensschwestern braucht unser Hilfswerk. Sie werden es – wie man so sagt – auf Vordermann bringen."

„Ja, wollen sie das denn auch machen?"

„Danach muss man sie ganz einfach fragen. Aber ich bin sicher: Die machen das. Nur müsste man auch hier damit einverstanden sein."

„Aber da bin ich doch zehnmal, wenn nicht sogar zigmal einverstanden, wenn nur das Hilfswerk ordentlich weiterläuft."

„Vielen Dank, im Namen der Bedürftigen."

„Ja, doch wie soll es denn nun weitergehen?"

„Darum werde ich mich ebenfalls kümmern."

„Wie denn?"

„Ich werde ebenso wie hier vorsprechen, nur dort mit der Oberin."

„Und wenn die nicht will?"

„Doch sie wird einverstanden sein."

„Deinen Optimismus möchte ich haben."

„Das hat mit Optimismus nichts zu tun, denn ich weiß es."

„Woher willst Du das denn wissen?"

„Wir im Jenseits können in die Zukunft schauen, denn uns hindert nichts Irdisches mehr. Und da sehe ich, dass die dortige Oberin drei tüchtige Ordensschwestern in unsere Hilfseinrichtung schicken wird. Und die sorgen für geregelte Hilfe."

„Also, Bruder Norbert, Du warst zu Lebzeiten schon immer sehr tüchtig. Aber dass Du auch aus der jenseitigen Welt hier für unser Hilfswerk sorgst, also das ist ja unbegreiflich. Natürlich werde ich keinem einen Stein in den Weg legen, der uns

hier hilft.“

„Und dafür sage ich ganz herzlichen Dank und wünsche alles, alles Gute.“

Und damit war ich wieder allein. Denn Bruder Norbert hatte sich mit diesen Worten verabschiedet.

Nun wartete ich einige Wochen, ob sich wohl jemand für unser Hilfswerk melden würde. Und dann rief mich ein paar Wochen später die Leiterin des Franziskanerinnenklosters in der Nachbarstadt an. Der Inhalt dieses Telefongesprächs aber setzte allem bisher Erlebten die Krone auf. Deshalb gebe ich es hier auch nach meinem bestmöglichen Erinnerungsvermögen wieder:

„Sind Sie der Obere, also der Leiter des dortigen Franziskanerklosters?“

„Ja, und mit wem habe ich die Ehre?“

„Ich bin Schwester M. Franziska, die Oberin des Klosters der Franziskanerinnen in Ihrer Nachbarstadt.“

„Herzlich angenehm, Schwester Oberin. Und wie kann ich Ihnen helfen?“

„Brauchen Sie einige unserer Schwestern, um Ihr caritatives Hilfswerk aufrechtzuerhalten?“

„Oh, Schwester Oberin, da sprechen Sie ein ganz heikles Thema an. Natürlich wären geeignete Leute angebracht, die unsere Einrichtung „Heim und Hilfe“ leiten.“

„Ich bin auf dieses Hilfswerk aufmerksam gemacht worden.“

„Von wem?“

„Von einem Ihrer früheren Mitbrüder.“

„Sagen Sie nur. Das war doch nicht etwa Bruder Norbert.“

„Ja, genau so hat er sich zu erkennen gegeben.“

„Nun, Bruder Norbert lebt aber nicht mehr. Er ist tot.“

„Das hat er mir auch gesagt?“

„Ist das wirklich wahr? Das ist ja kaum zu glauben.“

„Dennoch stimmt es. Vor ein paar Tagen habe ich ihn abends leibhaftig vor mir gesehen. Dass er verstorben ist, hat er mir auch gesagt. Im ersten Augenblick bin ich ganz erschrocken gewesen.“

„Vor allem, weil Sie ihn ja auch nicht kannten.“

„Aber dann hat er sich ganz schnell vorgestellt und mich ohne große Umschweife auf das Problem mit Ihrem Hilfswerk hingewiesen.“

„Ja, so war er: Bruder Norbert kam immer sehr schnell auf eine Angelegenheit zu sprechen und tat dann alles, um ein vorhandenes Problem zu lösen.“

„Den Eindruck hatte ich auch. Er ist ja ein ganz beherzter Mensch.“

„Schwester Oberin, Sie meinen: Er war ein ganz beherzter Mensch.“

„Ach ja, er ist ja eigentlich tot. Und dennoch war er im Gespräch so lebendig und aktiv, als ob er noch leben würde.“

„Also, Sie sind der Meinung, Sie hatten eine Vision, also eine Erscheinung unseres verstorbenen Mitbruders?“

„Ja, aber sie war so lebenswirklich, als stünde er leibhaftig vor mir und führte auch ein ganz realistisches Gespräch, in dem er

mich auf das Problem aufmerksam machte und mich intensiv um Hilfe für dieses Hilfswerk bat."

„Und, Schwester Oberin, wie haben Sie sich entschieden?"

„Also, lieber Ordensbruder, Bruder Norbert hat mich so eindringlich um Hilfe gebeten, da konnte ich kaum „Nein" sagen."

„Ja, so war er, unser Mitbruder. Er hat so lange auf einen eingeredet, bis einem nichts anderes mehr übrig blieb, als „Ja" zu sagen."

„Also, ich möchte mir diese Einrichtung zur Hilfe für Bedürftige in Ihrem Kloster einmal anschauen und bringe der Einfachheit halber auch gleich drei Franziskanerinnen mit."

„Oh, da freue ich mich und lade Sie sehr herzlich in unser Kloster ein."

Und am nächsten Tag fuhr auch schon die Oberin des Franziskanerinnen-Klosters in der Nachbarstadt auf unserem Klosterhof vor, und vier resolute Schwestern besuchten uns. Ich hatte sehr schnell den Eindruck: Die vier Franziskanerinnen wissen genau, was sie wollen, und reden nicht lange drum herum. Wir besuchten die großen Räume des Hilfswerks, wo alles nur mühsam vor sich ging. Bruder Norberts Nachfolger gab sich alle erdenkliche Mühe, aber es wollte nichts so richtig gelingen.

Wir zogen uns wieder zu einer Besprechung in mein Dienstzimmer zurück, wo die Oberin des anderen Klosters sogleich auf gewisse Möglichkeiten zur Verbesserung der Arbeit im Hilfswerk hinwies. Sie stellte mir auch Schwester M. Johanna vor, die sie dazu ausersehen hatte, zusammen mit den Mit-

schwestern die Arbeit in unserem Hilfswerk zugunsten der Unterstützung bedürftiger und vor allem obdachloser Menschen tatkräftig und beherzt in die Hand zu nehmen.
Mir fiel ein riesiger Stein vom Herzen. Die drei Franziskanerinnen übernahmen dann auch am übernächsten Tag die Arbeit in unserem Hilfswerk, das ich ihnen herzlich gern übertrug. Lediglich deren Arbeit und Wirken wollte ich wohlwollend begleiten.
Und Bruder Norberts Nachfolger übergab freudig und herzlich gern die Leitung und Arbeit im Hilfswerk. Er sah mit Begeisterung, wie Schwester M. Johanna und ihre Mitschwestern die Arbeit im Hilfswerk versahen, sodass es einen regelrechten Aufschwung nahm.
Und ich bin sicher:

Bruder Norbert begleitet sein Hilfswerk von drüben aus und ist sehr zufrieden.

Was folgt aus diesen Berichten?

DIE TOTEN BEGLEITEN UNS UND HELFEN WIRKLICH

Aus all diesen Darstellungen und Mitteilungen geht eindeutig hervor, dass Verstorbene nicht einfach „abgetreten" sind und ihre Hinterbliebenen allein lassen. Vielmehr begleiten sie uns – von drüben her – und greifen helfend ein, wenn Hilfe nottut. Allerdings besitzt das keine sogenannte Automatik, indem also jeder Tote ins irdische Leben einwirkt und das alles ausbessert, was die Menschen hier auf Erden falsch machen oder auf die schiefe Bahn bringen. Verstorbene helfen also gern, wenn Menschen sich in Schwierigkeiten und Notlagen befinden. Wichtig ist aber auch, dass Menschen sich helfen lassen. Dazu bedürfen sie einer bestimmten Sensibilität. Doch manche Menschen verfügen nicht über diese Feinfühligkeit, um Signale aus der jenseitigen Welt auch richtig zu verstehen und zu begreifen.

Um erkennen zu können, ob und wie Menschen vielleicht in einer Notlage sind und Hilfe brauchen, ist es auch erforderlich, dass die Toten uns von der jenseitigen Welt aus begleiten und genau sehen, wann Hilfe wichtig und erforderlich ist und ob wir sie auch haben wollen. Erfahrungsgemäß gibt es ja Menschen, die selbst in den schlimmsten Situationen – irgendwie aus Verstocktheit oder Hartherzigkeit – keinerlei Hilfe annehmen oder auch aus Stolz einfach ablehnen.

Wie soll hier ein Verstorbener helfen? Schließlich möchte er auch keinem Menschen seine Hilfe gleichsam aufdrängen.

Neben der Tatsache, dass die Toten uns begleiten, ist es für sie aber auch wichtig, dass sie – von drüben her – den richtigen „Einblick" haben. Wie sollen sie nämlich wissen und erkennen, wie sie Menschen im Hinblick auf zukünftige Geschehnisse helfen oder ihnen mit Warnhinweisen beistehen können?
Sie müssen also *in die Zukunft* schauen können. Was mit Menschen in der Zukunft geschieht oder geschehen kann, müssen sie unbedingt wissen, denn sonst ginge die Hilfe der Toten in die falsche Richtung. Sie würde weder Schlimmes verhindern noch echte Hilfe bringen. Wie soll denn jemand helfen, wenn er nicht weiß, was diese Hilfe bewirken kann oder welche Gefahren sie verhindern soll?
Und gerade dieser äußerst wichtige Blick in die Zukunft ist den Verstorbenen möglich:
Solange der Mensch gleichsam von seinem Körper umgeben ist, wird er geistig und seelisch von ihm abgeschirmt, als befände er sich unter einer „Dunstglocke". Wenn dieser Körper ihn aber nicht mehr umgibt, kann der überlebende Geist mit der Seele in die Zukunft – auch in die ganz weite Zukunft – schauen und sieht auch Ereignisse im fernen Leben eines Menschen.

Damit jedoch haben die Verstorbenen die wirksame Möglichkeit, helfend zu wirken, sofern Menschen sich helfen lassen.
Und gerade das ist auch ganz entscheidend, ob sie sich helfen lassen.

Viele Menschen wissen häufig auch gar nicht, dass sie *Hilfe von drüben* annehmen können und sind sich dessen nicht bewusst, ob sie diese auch annehmen sollen.

Aber warum soll man denn Hilfe ausschlagen, die einem liebevoll angeboten wird?

LESEN SIE MEHR VON PROF. DR. JOHANNES MICHELS BEI DEBEHR

Fritz Kork wird überwacht, jeden Morgen, mit Argusaugen, denn seine liebe Frau weiß, er benötigt dringend Hilfe - von ihr - bei der Einnahme all seiner Mittelchen aus der Apotheke, und alles auf Rezept, versteht sich. Da wären Tabletten gegen die Nebenwirkungen von Tropfen, Zäpfchen gegen die Auswirkungen der Tabletten und diverse weitere Medikamente, natürlich alle äußerst wichtig für die Genesung oder Gesunderhaltung seines Körpers. Leider stellen sich jedoch weitere heftige Zipperlein ein, die Fritz notgedrungen auf eine skandalträchtige Odyssee durch die Gefilde der deutschen Ärzteschaft schicken. Ein humorvoll-satirischer Blick auf den Wahnwitz der medizinischen (Über-)Behandlung, basierend auf realen Erlebnissen eines Patienten wider Willen.

11,95€, ISBN: 9783957532978, 222 Seiten Taschenbuch

Im Jahr 2017 erscheint das Buch von Professor Michels mit dem Titel:

Cover folgt

„ZU BESUCH IM HIMMEL ERWEITERTE NEUAUSGABE – NAHTODERLEBNISSE UND DEREN ANALYSEN"

Nahtoderfahrungen bilden die Basis der Religionen, ist doch in diesen von einem Leben nach dem Tod die Rede. Professor Michels sprach mit einer Vielzahl von Menschen aller Altersgruppen, die auf der Schwelle des Todes umdrehten und ins Leben zurückkehrten, denen der Zutritt ins Jenseits teilweise regelrecht verwehrt wurde, denn sie waren noch nicht soweit. Ihre Erlebnisse hat er zu Papier gebracht. Anhand seiner Analysen zeigt Professor Michels, dass nicht Träume oder Wunschvorstellungen die Basis dieser Vorgänge waren, sondern selbige eine Wissenstiefe haben, die mit Rationaliät nicht zu erklären ist. Einmal mehr belegt der Autor: *Der Tod ist noch lange nicht das Ende.*

ISBN: 9783957534033, Taschenbuch, 12,95€